TEAM LUPE ERMITTELT

Chaos in der Bücherei

Detektivausweis: LUPE

Lulu

Typisch ich: Juchuuuuu - Judo!
Bücherratte

Detektivausweis: LUPE

Umut

Typisch ich: immer Musik im Ohr
Computer-Checker

Detektivausweis: LUPE

Paul

Typisch ich: Tischtennis-Champ
Herrchen von Murmel

Detektivausweis: LUPE

Elsa

Typisch ich: Tiere, Tiere, Tiere
Quasseltante (manchmal)

2

Medienbildung

Erarbeitet von
Karen Finck
Ines Oldenburg

INHALT

Unser Fall: Chaos in der Bücherei   3

Kapitel geschafft?
Dann hake es
in diesen Feldern ab.

Unser Fall: Chaos in der Bücherei

„Juhu!", ruft Paul am Samstagmorgen. „Gleich macht die Bücherei auf."
Lulu, Umut, Paul und Elsa sind die Ersten und stürmen zu den Regalen.
„Wartet", sagt Lulu. „Seht euch mal um!" In der Bücherei ist großes Chaos.
Jemand hat den Papierkorb ausgeleert. Müll liegt überall
am Boden verstreut. Bücher wurden aus den Regalen geworfen.
Und auf den Tischen liegen Eiswürfel. Umut ruft: „Hallo? Ist da jemand?"
Niemand antwortet. Und auch von Frau Lessing, der Leiterin
der Bücherei, gibt es keine Spur. Die Detektive wundern sich.
Elsa sagt zu ihren Freunden: „Super! Ein neuer Fall für Team LUPE!"

Großes Chaos!

„Ein neuer Fall für TEAM LUPE!"
Finde die Hinweise und hilf den Detektiven
herauszufinden, was in der Bücherei passiert ist.

 Heute gehen Lulu, Umut, Paul und Elsa in die Bücherei.
In der Schule haben sie diese Woche über Tiere gesprochen.
Die Detektive finden das Thema spannend und hoffen,
dass sie in der Bücherei viele Informationen finden.

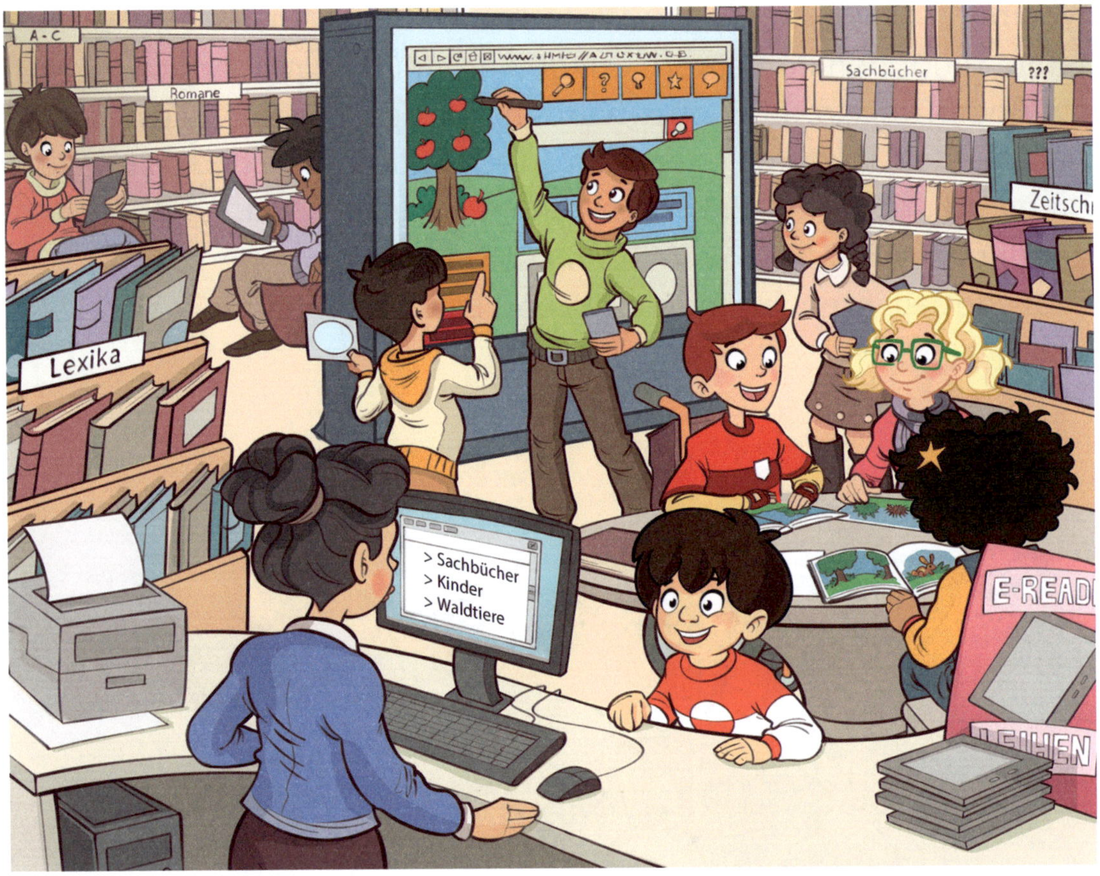

Es gibt Medien,
die einen Mini-Computer
eingebaut haben.
Die nennt man digital.

Bücher, Zeitschriften,
Zeitungen haben das nicht.
Das sind analoge Medien.

 **1** Zeige analoge und digitale Medien.

In digitalen Medien sind
Mini-Computer enthalten.
Diese Mini-Computer
steuern die Geräte.

 **1** Welche Dinge haben einen Mini-Computer? Kreuze sie an.

 **2** Welche Geräte kennst du noch,
die von Mini-Computern gesteuert werden? Male.

› verschiedene digitale Werkzeuge
und deren Funktionsumfang kennen
› analoge und digitale Medien kennen

5

 **1** Welche Medien nutzt du? Kreuze an.

Computer		
Laptop		
Tablet		
Smartphone		
Kamera		
Buch		
Zeitschrift		

Ich spiele jeden Tag auf Papas Tablet.

Ich habe zu Hause viele Zeitschriften.

› Medien reflektiert und zielgerichtet einsetzen
› eigene Mediennutzung kritisch hinterfragen

 **1** Verbinde das Bild mit der passenden Beschreibung.

Informationen suchen

Kamera nutzen und fotografieren

E-Mail schreiben

mit einer App rechnen

Mal-App nutzen und ein Bild zeichnen

› verschiedene digitale Werkzeuge
und deren Funktionsumfang kennen

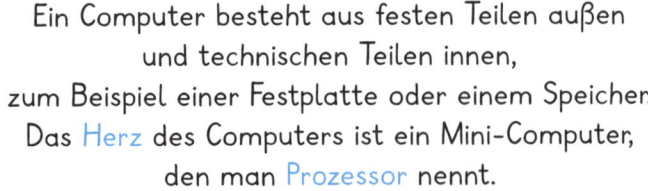

Ein Computer besteht aus festen Teilen außen
und technischen Teilen innen,
zum Beispiel einer Festplatte oder einem Speicher.
Das Herz des Computers ist ein Mini-Computer,
den man Prozessor nennt.

Prozessor

Damit der Computer weiß,
was er machen soll,
braucht er Programme
und Apps.

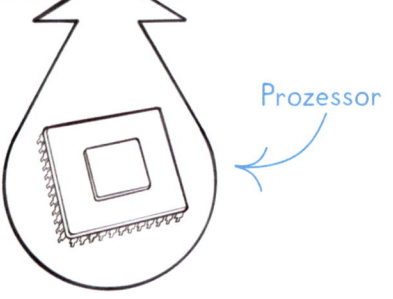

1 Male die **festen Teile** des Tablets grau an.
Diese Teile kann man anfassen.

2 Male die Programme und Apps des Tablets gelb an.
Sie sagen ihm, was er machen soll.

› Funktionsweise digitaler Geräte kennenlernen

Mein Tablet hat zwei Kameras. Eine befindet sich auf der Vorderseite und eine auf der Rückseite. Mit ihnen kann ich Fotos machen. Oft nehme ich auch mit dem Mikrofon Geräusche auf. Diese kann ich mir über den Lautsprecher anhören. Unten am Tablet habe ich einen Anschluss, um mein Tablet zu laden.

 **1** Wie heißen die Teile des Tablets?
Schreibe auf die Linien.

| Kamera | Mikrofon | Lautsprecher | Anschluss |

› Funktionsweise digitaler Geräte kennenlernen

Mit der Kamera meines Laptops kann ich Fotos machen.
Auf dem Bildschirm sehe ich die Fotos, aber auch Wörter.
Die Wörter kann ich mit einer Tastatur tippen.
Das Touchpad benutze ich, um etwas zu markieren.
Manchmal verwende ich dafür auch eine Maus.

 **1** Wie heißen die Teile des Laptops?
Schreibe auf die Linien.

Kamera	Bildschirm	Tastatur	Maus	Touchpad

› Funktionsweise digitaler Medien kennenlernen

Wie schreibe ich mit einem Text-Programm?

 **1** Suche die Buchstaben deines Namens auf der Tastatur und kreise sie ein.

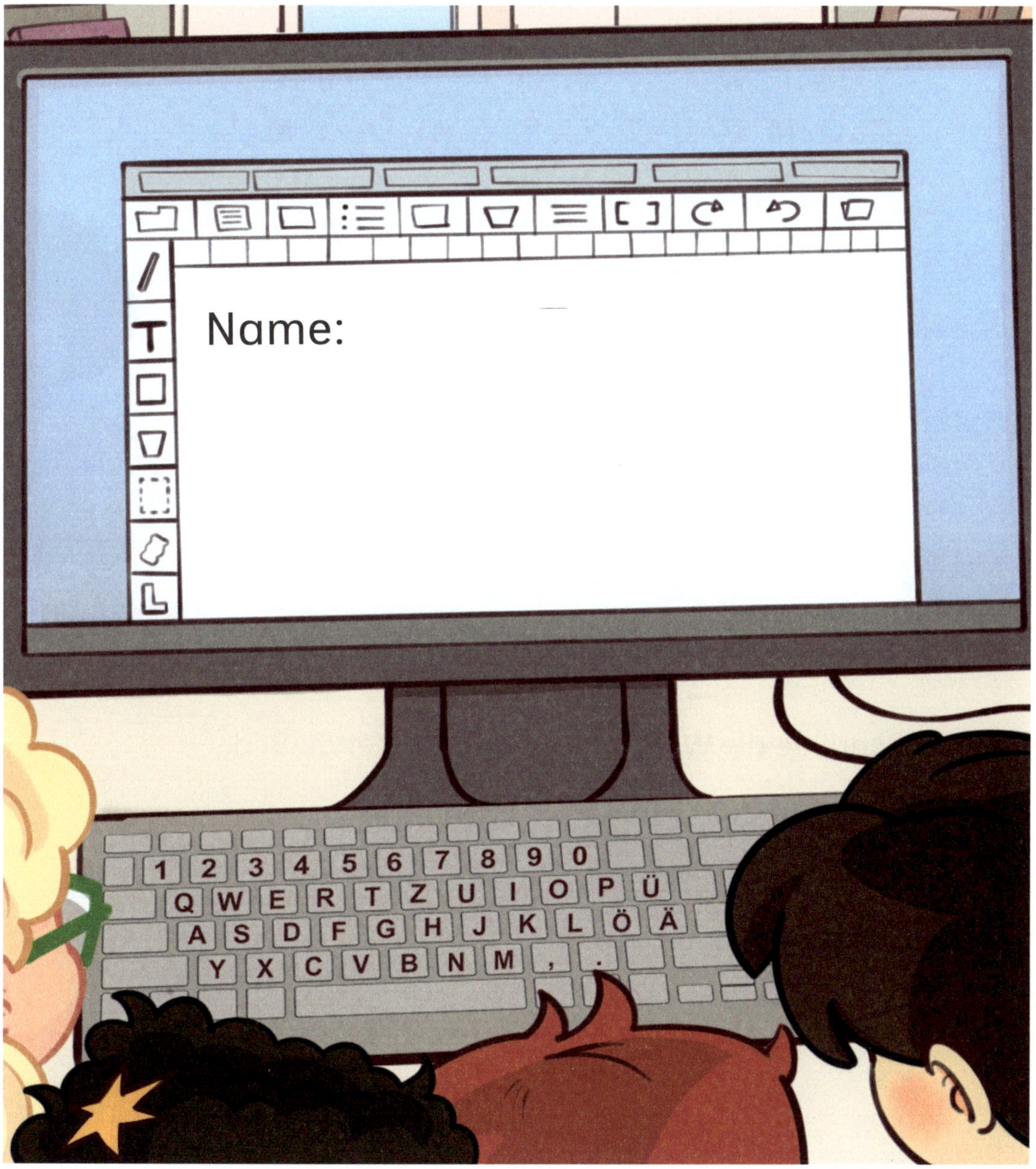

 **2** Tippe deinen Namen in einem Text-Programm. Versuche, kleine und große Buchstaben zu tippen.

> › digitale Werkzeuge kennen und diese reflektiert
> und zielgerichtet einsetzen

Detektivwissen überprüfen

 **1** Suche die Namen der digitalen Medien im Suchsel und kreise sie ein.

Y	M	P	W	F	F	F	Ö	L	Ü	U	I	L
C	O	M	P	U	T	E	R	A	O	O	G	M
F	I	M	Ä	P	Ü	N	N	P	V	X	T	Y
T	C	L	L	H	M	T	R	T	R	U	A	X
C	K	L	M	Z	I	A	Z	O	B	C	B	H
Ä	M	H	Z	W	G	H	P	P	Ä	I	L	P
S	M	A	R	T	P	H	O	N	E	W	E	Ü
G	H	C	P	O	N	Y	X	N	K	P	T	S

> Smartphone   Computer   Laptop   Tablet

 **2** Schreibe die Wörter unter das passende Bild.

_____   _____

_____   _____

Spurensicherung: Der 1. Hinweis!

Paul schluckt: „Ich glaube, hier wurde eingebrochen."
Lulu bleibt ganz ruhig. „So einen Einbruch haben wir
ja noch nie gesehen. Wir sollten checken, was da zu tun ist."
Umut greift in seine Hosentasche.
„Miran hat mir heute sein Handy ausgeliehen.
Ich schau gleich mal im Internet nach."
Auch Elsa zückt ein Handy.
Sie durfte sich das ihrer Mutter ausleihen.
Lulu will nicht warten. Schnell läuft sie
zum Computer. Und Paul rollt zum Regal
mit den Lexika, Sachbüchern und Zeitschriften.

? Nur ein Kind nutzt zwei Medien. Wer?
Schau genau und spure nach.

	Lulu		Paul

1a

A

1b

E

Im Unterricht haben Lulu, Umut, Paul und Elsa
über Haustiere gesprochen. Heute sollen sie Informationen
zu ihren Lieblingshaustieren herausfinden.
Wo können sie diese finden?

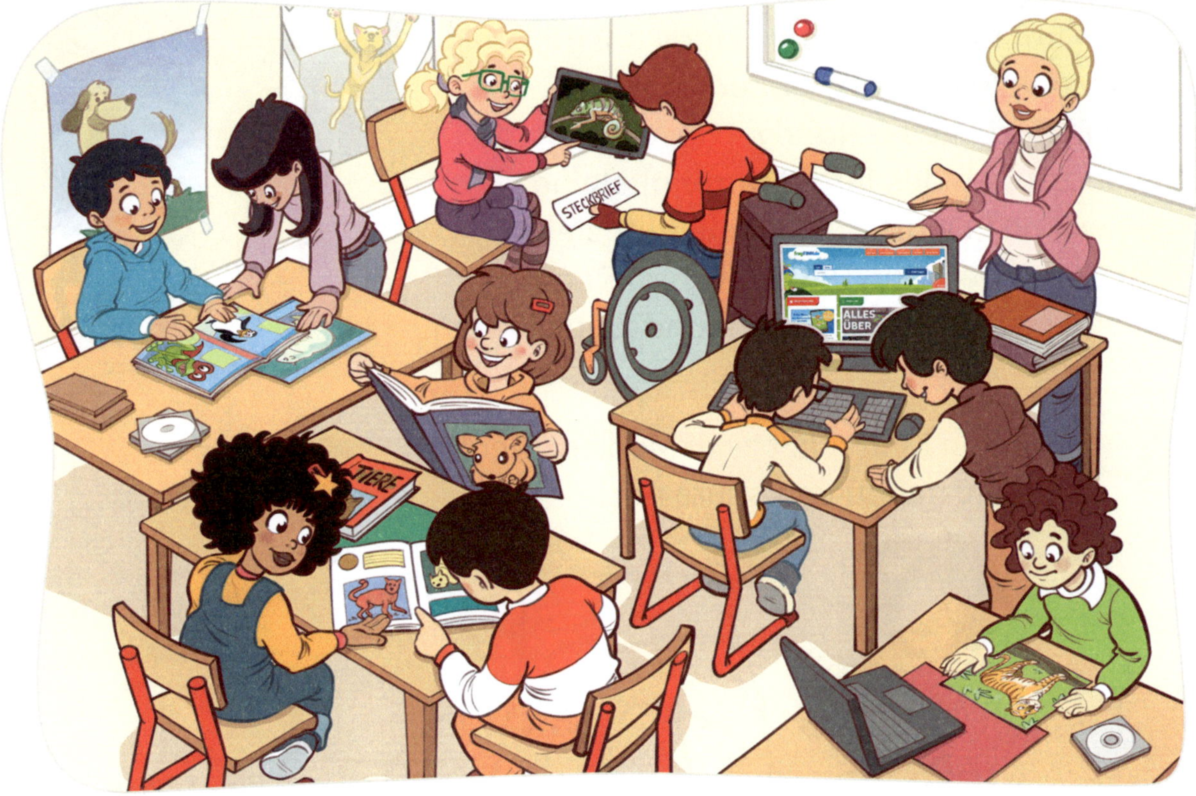

Es gibt Informationen,
die ich in Sachbüchern,
Zeitschriften oder
auch Lexika finde.
Sie heißen
analoge Informationen.

Es gibt Informationen, die ich
in Kindersuchmaschinen
entdecken kann. Sie heißen
digitale Informationen.

 **1** Wo kannst du in dem Klassenzimmer Informationen finden?
Kreise ein.

› Informationsrecherchen zielgerichtet durchführen
› analoge und digitale Informationsquellen nutzen

Es gibt verschiedene Medien, um Informationen zu finden. Hier unterscheidet man zwischen digitalen Medien und analogen Medien.

 **1** Kreuze alle digitalen Medien grün an. ⊗
Kreuze alle analogen Medien blau an. ⊗

 **2** Welches der beiden Bücher sollten Umut und Lulu benutzen, um sich über das Chamäleon als Haustier zu informieren? Kreuze an.

› analoge und digitale Informationsquellen kennen und bewerten

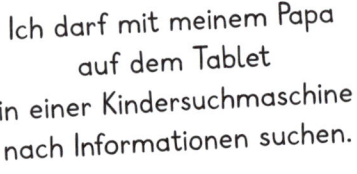 Ich darf mit meinem Papa auf dem Tablet in einer Kindersuchmaschine nach Informationen suchen.

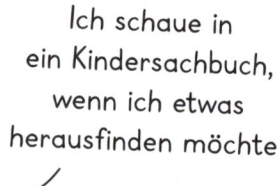 Ich schaue in ein Kindersachbuch, wenn ich etwas herausfinden möchte.

 **1** Welche der Medien benutzt du zu Hause?
Welche benutzt du in der Schule? Kreuze an.

		zu Hause	in der Schule
Computer			
Tablet			
Kindersachbuch			
Lexikon			
Poster			
Kinderzeitschrift			

› Nutzung von Medien und Informationen
kritisch hinterfragen und bewerten

1 Kreise ein: Wo musst du jeweils klicken, damit du eine Suche starten kannst?

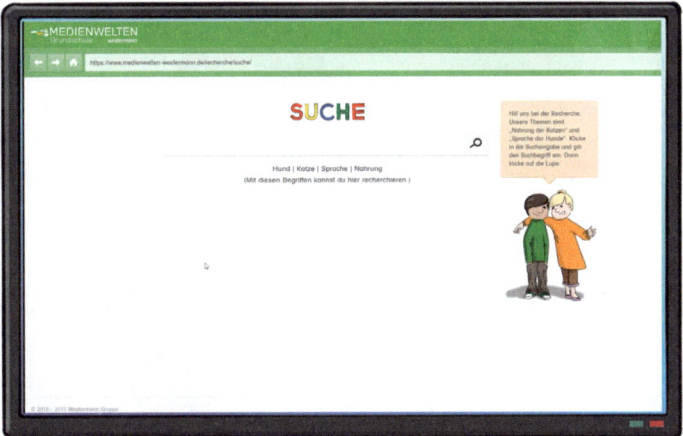

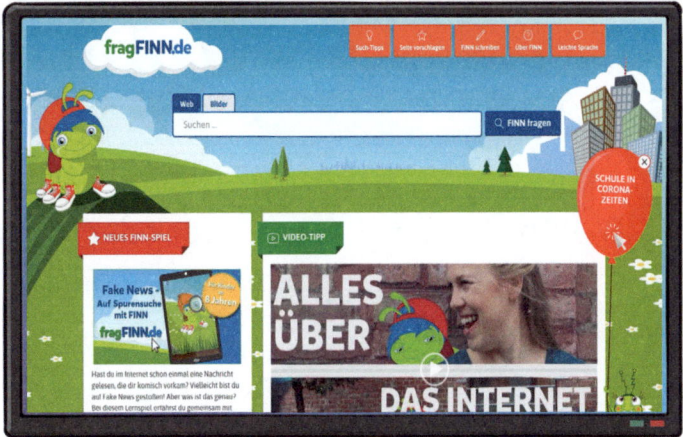

2 Welche Frage kannst du mit einer Suchmaschine beantworten? Kreuze an.

	Wie alt ist mein Meerschweinchen?	
	Wie alt werden Katzen?	
	Wann kommt Mama nach Hause?	
	Wann öffnet der Supermarkt?	

› Informationen und Daten aus Medienangeboten filtern
› Kindersuchmaschinen kennen und nutzen
› Informationen, Daten und Quellen kritisch bewerten

Wo erhalte ich Informationen, wenn ich etwas nicht weiß?

> Ich habe kein Haustier. Ich möchte aber gerne eine Katze haben. Meine Freundin Lea sagt, dass Katzen nur Mäuse fressen. Das ist ja ekelig! Stimmt das?

> Mein Onkel hat eine Katze. Die frisst Futter aus der Dose.

1 Was fressen Katzen? Wer oder was kann Lulu helfen, das herauszufinden? Kreuze an.

2 Wen fragst du, wenn du etwas wissen willst?

_____

_____

_____

› Informationen filtern, strukturieren und bewerten

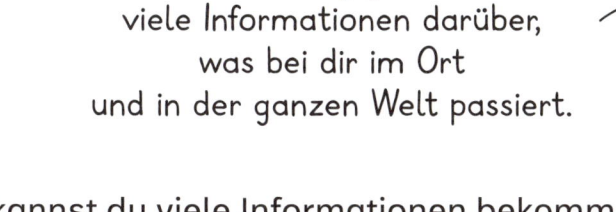

Jeden Tag gibt es
viele Informationen darüber,
was bei dir im Ort
und in der ganzen Welt passiert.

 **1** Wo kannst du viele Informationen bekommen?
Kreise ein.

2 Wo findest du zu Hause Informationen,
wenn du welche suchst?

_____

_____

› Informationsquellen kennen und kritisch bewerten

 **1** Lulu interessiert sich für Katzen.
Im Internet findet sie diese Seite.
Markiere wichtige Sachinformationen zu Katzen.

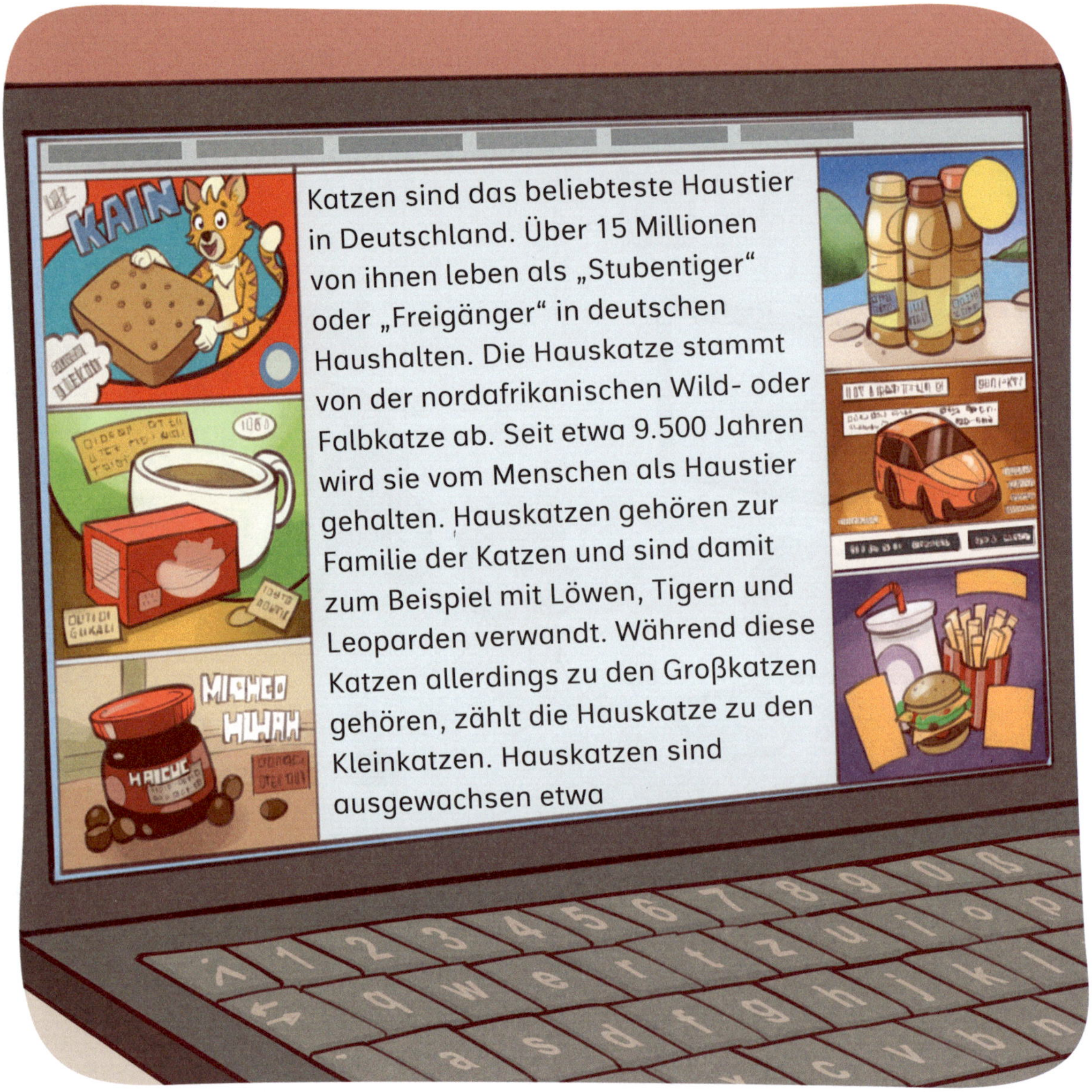

> Katzen sind das beliebteste Haustier in Deutschland. Über 15 Millionen von ihnen leben als „Stubentiger" oder „Freigänger" in deutschen Haushalten. Die Hauskatze stammt von der nordafrikanischen Wild- oder Falbkatze ab. Seit etwa 9.500 Jahren wird sie vom Menschen als Haustier gehalten. Hauskatzen gehören zur Familie der Katzen und sind damit zum Beispiel mit Löwen, Tigern und Leoparden verwandt. Während diese Katzen allerdings zu den Großkatzen gehören, zählt die Hauskatze zu den Kleinkatzen. Hauskatzen sind ausgewachsen etwa

 **2** Was meinst du, was ist Werbung? Kreise ein.

› Informationen und ihre Quellen sowie dahinterliegende
Strategien und Absichten erkennen und kritisch bewerten

 **1** Welche Informationen hältst du für wahr?
Auf welcher Seite geht es um eine echte Katze? Kreuze an.

http://www.planet-katzenwissen.de

Die Katze

Die Katze hat vier Pfoten.
Sie hat ein weiches Fell.

Sie frisst am liebsten Fleisch.

https://www.majaweisalles.de

Total niedlich! Meine Katze ist echt süß und voll flauschig. Sie malt gern Bilder. Ich gebe ihr ganz viele Kekse.

 **2** Woran hast du es gemerkt? Schreibe auf.

_____

_____

› Informationen und ihre Quellen sowie dahinterliegende
Strategien und Absichten erkennen und kritisch bewerten

Detektivwissen überprüfen

 **1** Wo findest du passende Informationen? Verbinde.

> Rezept für Schoko-Kuchen

> Informationen über Hamster

 **2** Kreise das digitale Medium ein.

 **3** Unterscheide: Wo ist Werbung? Wo stehen Sachinformationen? Schreibe oben in die Tabelle.

	Meerschweinchen sind sehr beliebte Haustiere. Sie werden ca. 22-35 cm groß. Meerschweinchen kommen aus Südamerika und sind Nagetiere. Oft haben sie schwarzes, weißes und braunes Fell. 

› Informationsquellen kennen
› Informationen und ihre Quellen sowie dahinterliegende Strategien und Absichten erkennen und kritisch bewerten

Spurensicherung: Der 2. Hinweis!

„Kommt mal her", sagt Lulu. Sie hat mit dem Computer
eine Kindersuchmaschine geöffnet
und eine Seite der Polizei gefunden.
„Hier steht, man darf nichts verändern."
Der Hinweis stand auch in Pauls Lexikon. Und dass man
nach einem Einbruch die Polizei einschalten soll.
Elsa zeigt auf ihr Handy: „Fotos zu machen, ist auch ganz wichtig.
Und nach Einbruchspuren suchen." Umut hat im Internet den Tipp
gefunden, Zeugen zu befragen. Leider sind keine Zeugen da.
Aber sie machen Beweisfotos. Da kommt Frau Lessing um die Ecke.
Aufgeregt erzählt sie: „Der Zweitschlüssel der Bücherei ist weg!"

? Welches Foto hat Elsa gemacht? Schau genau.

☐ Foto 1   ☐ Foto 2

2a    2b

Lulu ist zu Hause. Sie hat Besuch von Umut. Heute spricht sie mit ihrer Freundin Mulu über den Computer. Das ist toll, denn dann kann sie Mulu nicht nur hören, sondern auch sehen. Umut möchte Mulu gern kennenlernen.

Heute besucht Elsa Paul. Paul sitzt an seinem Computer und schreibt eine E-Mail an seine Oma. Elsa kommt zur Tür herein und hält eine Postkarte in der Hand.

 **1** Wie kann man sich austauschen? Schreibe oder male.

Ich schreibe meiner Oma eine E-Mail mit dem Computer. Dann kann sie meine Nachricht direkt lesen, wenn ich sie abgeschickt habe.

Ich spreche gern mit meiner Freundin Mulu in Afrika über meinen Laptop. Wir können uns sehen und miteinander sprechen. Das ist toll!

 **2** Kreise oben in den Bildern alle Möglichkeiten ein, wie man sich mit anderen austauschen kann.

› Kommunikationsprozesse mit digitalen Werkzeugen zielgerichtet gestalten
› mediale Produkte und Informationen teilen

Was kann ich alles nutzen?

Es gibt viele verschiedene Möglichkeiten, wie ich anderen schreiben oder mit ihnen sprechen kann.

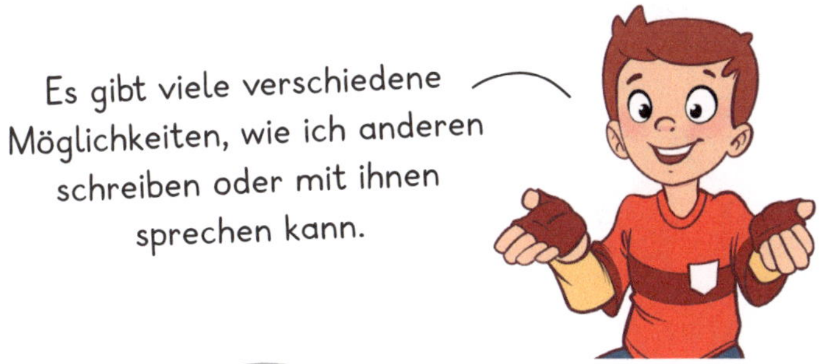

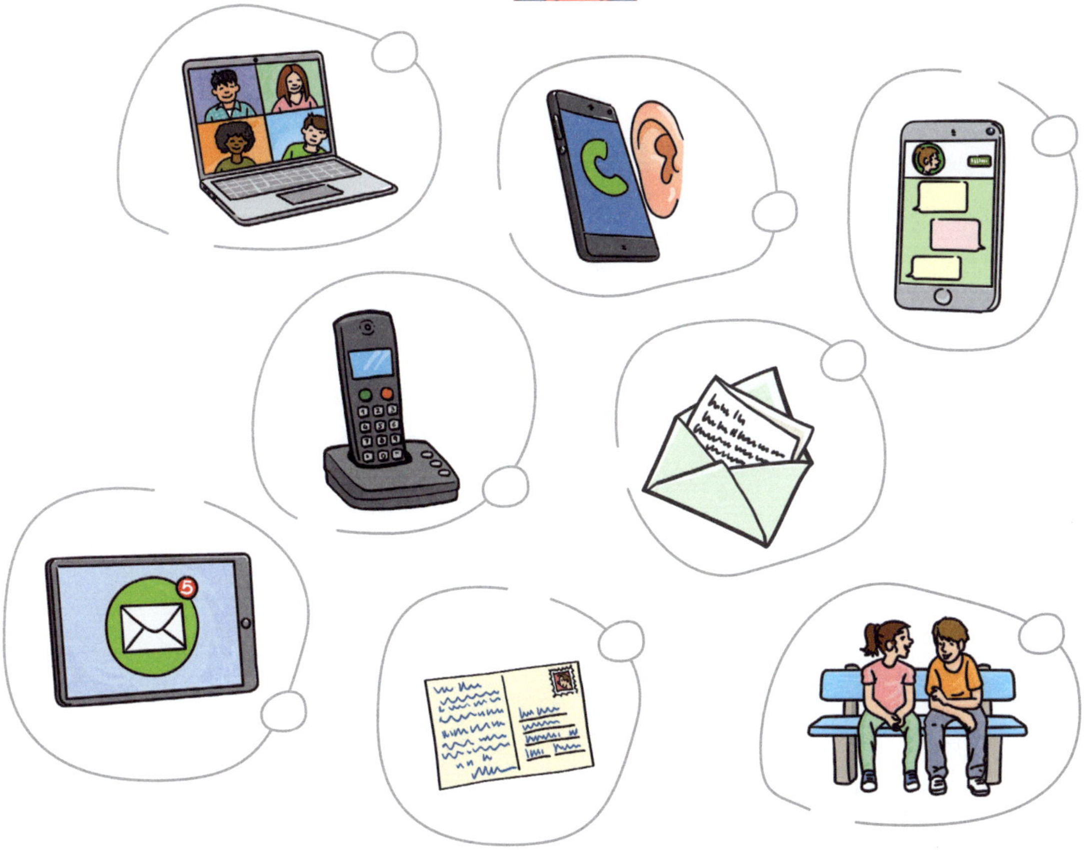

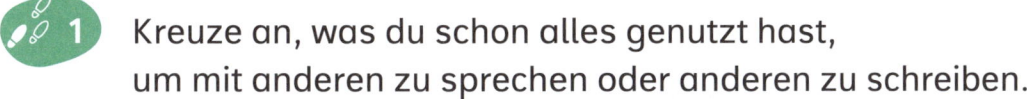

1 Kreuze an, was du schon alles genutzt hast, um mit anderen zu sprechen oder anderen zu schreiben.

2 Was nutzt du am liebsten, um mit anderen zu sprechen? Kreise rot ein.

3 Was benutzt du am liebsten, um anderen zu schreiben? Kreise grün ein.

› Kommunikationsmittel kennen und reflektieren

Wie kann ich mich mit anderen austauschen?

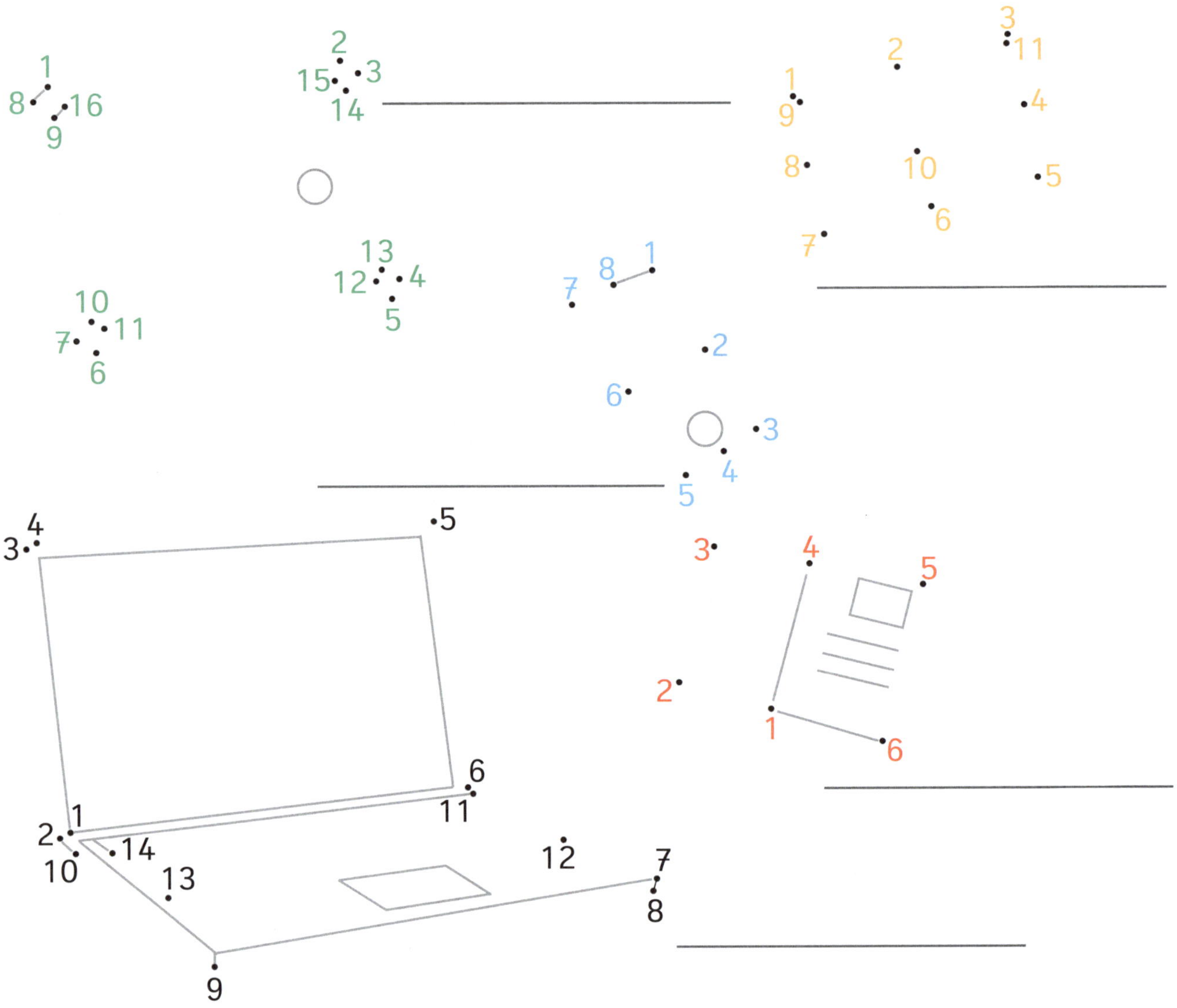

1   Verbinde die Zahlen in der richtigen Reihenfolge.

2   Schreibe die richtigen Begriffe neben die Bilder.

Tablet	Handy	Laptop	Brief	Postkarte

Umuts Tante Leyla hat Geburtstag.
Sie wohnt in den USA.
Er malt ihr ein schönes Bild.

1 Male ein Bild für Umuts Tante zum Geburtstag!

2 Wie kann Umuts Tante das Bild erhalten? Kreuze an.

Es gibt viele Möglichkeiten, wie Umuts Tante das Bild erhalten kann.

› Kommunikationsprozesse mit digitalen Werkzeugen
  zielgerichtet gestalten
› mediale Produkte und Informationen teilen

Wie schreibe ich eine elektronische Nachricht?

Opa
Hallo Lulu, wie geht es dir?
Hallo Opa, wie geht
es dir? Hier ist alles
rdnung. Papa
mich heute von
Schule abgeholt.
Das war toll!
Lulu

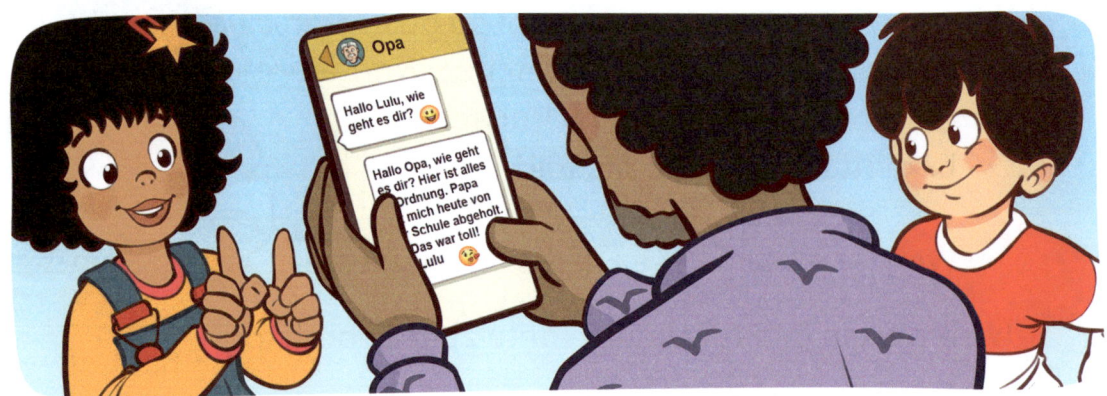

1 Hast du schon mal eine Nachricht an jemanden geschrieben? Kreuze an:

☐ Nein

☐ Ja, an: ______________________________

2 Schreibe eine eigene Nachricht.

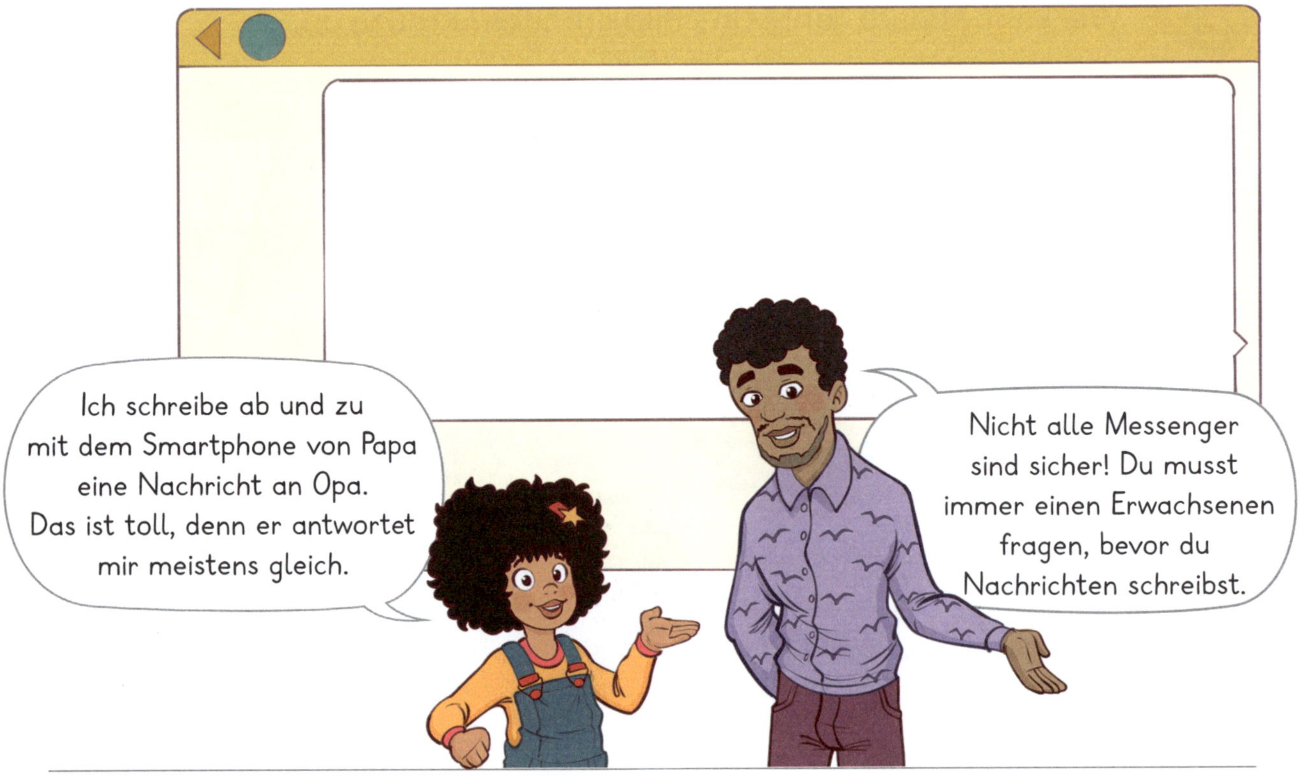
Ich schreibe ab und zu mit dem Smartphone von Papa eine Nachricht an Opa. Das ist toll, denn er antwortet mir meistens gleich.
Nicht alle Messenger sind sicher! Du musst immer einen Erwachsenen fragen, bevor du Nachrichten schreibst.

› Kommunikationsprozesse mit digitalen Werkzeugen zielgerichtet gestalten

Das Wort **Emoji** spricht man so aus: *Imotschie*.
Das kommt von dem englischen Wort **emotion**.
Das spricht man so aus: **Imoschän**.
Das Wort bedeutet **Gefühl**.

 **1** Was bedeuten diese Emojis? Verbinde.

Ich bin froh.

Ich bin traurig.

Ich bin wütend.

Ich überlege.

Das finde ich super!

 **2** Male deinen Lieblings-Emoji.

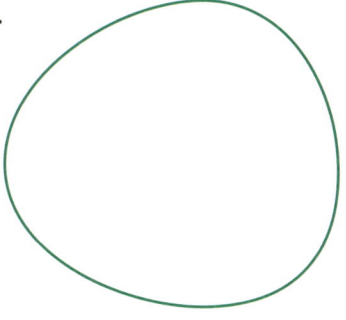

Was sind „Benimm-Regeln"?

Beim Schreiben von Nachrichten gibt es auch „Benimm-Regeln", an die sich alle halten sollten.

	Opa	Melina
	Hallo Opa, ich wünsche mir eine Katze. 🐱	Du siehst mit deiner neuen Brille total doof aus! 🤮
o.k.	☐	☐
nicht o.k.	☐	☐

	Tom	Jan
	Heulsuse! 😂	Ich schick dir mal ein Bild von meinem Fahrrad. 🚲
o.k.	☐	☐
nicht o.k.	☐	☐

1 Kreuze an:
Welche Nachrichten sind okay?
Welche Nachrichten sind nicht okay?

2 Begründe deine Auswahl.

_____

_____

› Regeln für digitale Kommunikation kennen, formulieren und einhalten

Eine E-Mail ist ein Brief, den ich zum Beispiel mit meinem Laptop schreiben kann. Er kommt sehr schnell beim Empfänger an. Dafür muss ich ein E-Mail-Programm benutzen. E-Mail bedeutet so viel wie elektronische Post. Für E-Mails kann ich auch ein Handy, ein Tablet oder einen Computer verwenden.

 **1** Mit welchen Geräten kannst du eine E-Mail schreiben? Kreuze an.

 **2** Schreibe eine E-Mail,
z. B. an deine Lehrerin oder deinen Lehrer.

› digitale Kommunikationsformen kennen und nutzen: E-Mail

Detektivwissen überprüfen

1 Finde die Wörter im Suchsel und kreise sie ein.

HandyTabletTelefonPostkarteBriefComputerEmoji

```
E  M  O  J  I  K  Q  T  N  C
B  Ä  Ü  K  J  J  P  E  Ö  O
R  T  A  B  L  E  T  L  I  M
I  D  H  A  N  D  Y  E  E  P
E  V  Ä  G  Q  G  Ö  F  F  U
F  X  L  C  Y  X  Z  O  Ü  T
U  Y  P  P  Z  G  L  N  Ä  E
P  O  S  T  K  A  R  T  E  R
```

2 Kreuze an.

	Das ist 👍 okay!	Das ist 👎 nicht okay!
Geburtstagskind 🎂🎈🙂		
weinendes Kind 😄		

› Fachbegriffe kennen
› Regeln für digitale Kommunikation kennen

Hier geht es los!

Unser Fall:

1 Der Krimi beginnt mit dieser Seite:

Unser Fall

Hier erfährst du, was passiert ist.

Ein neuer Fall für TEAM LUPE

Bevor es mit dem Fall weitergeht, kommt erst mal ein Übungskapitel.

Puh!

Uff!

Kapitel 1

Üben!

2 Weiter geht es mit der

Spurensicherung

Du ermittelst gemeinsam mit TEAM LUPE.
Löse das Rätsel und finde den Hinweis.
Jetzt weißt du, welcher Sticker in die Fallakte gehört.

Rätseln!

Spurensicherung:
Der 1. Hinweis!

Knobeln!

Klebe den richtigen Hinweis-Sticker vom Stickerbogen in die Fallakte.

Bist du unsicher, welches der richtige Sticker ist?
Du findest die Lösung auch immer versteckt auf der Seite.

Spannung!

Aha!

Hm!

Übe nun weiter.

Kapitel 2

Endlich kapiert!

2-mal blättern,
dann geht es weiter.

Illustrationen: Michael Stapper

Meine Hinweis-Sticker für den Fall

1a  A

1b  E

2a  i

2b  l

3a  s

3b  o

4a  v

4b  b

5a  ä

5b  s

6a r

6b e

Illustrationen: Michael Stapper

westermann

TEAM *LUPE* ERMITTELT

Chaos in der Bücherei

LÖSUNGEN

(zum Heraustrennen
die mittlere Klammer lösen)

Lösungen zu
ISBN 978-3-14-**141465**-3
Illustriert von Cesare Asaro, Matthias Berghahn,
Michael Stapper, Zapf

Medienbildung

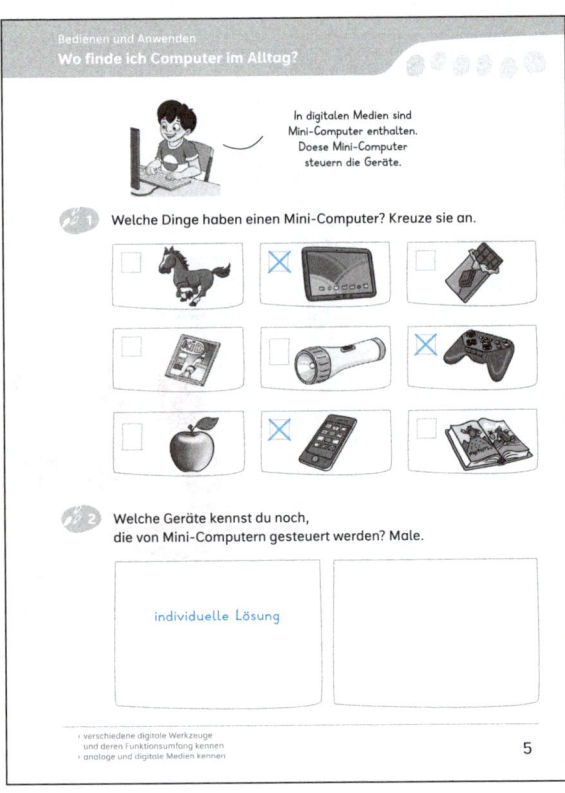

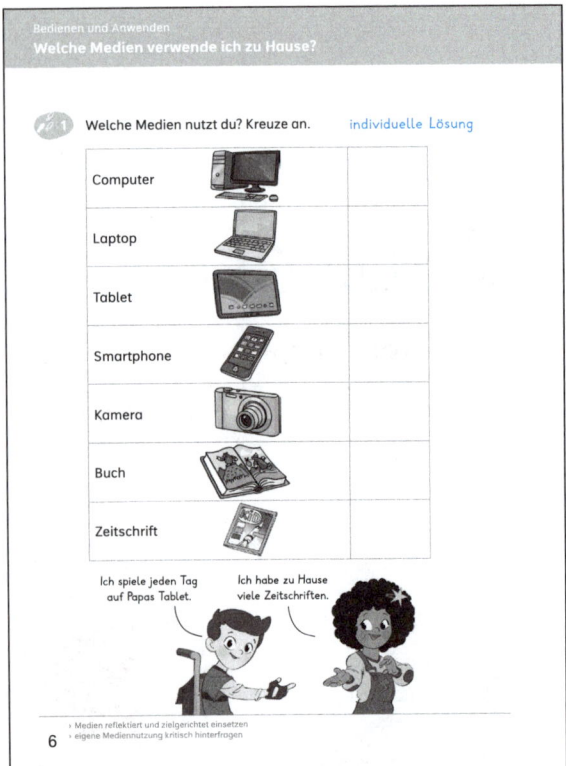

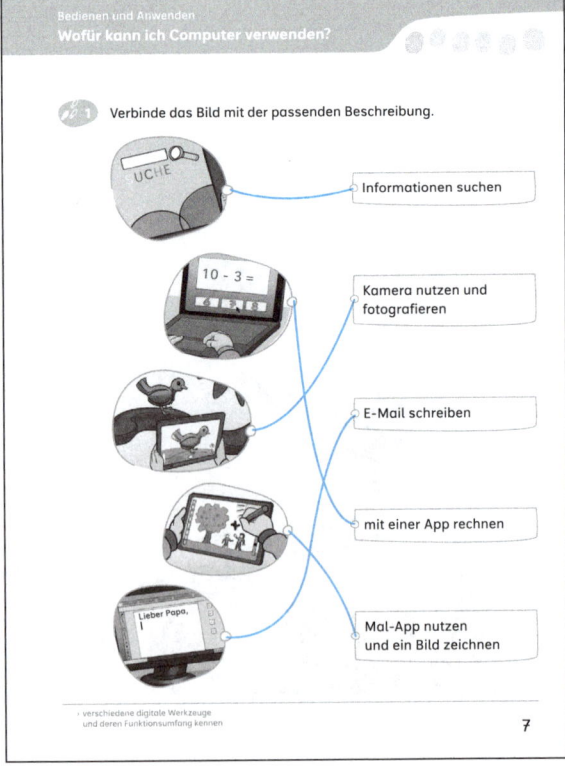

Bedienen und Anwenden
Wie funktioniert ein Computer?

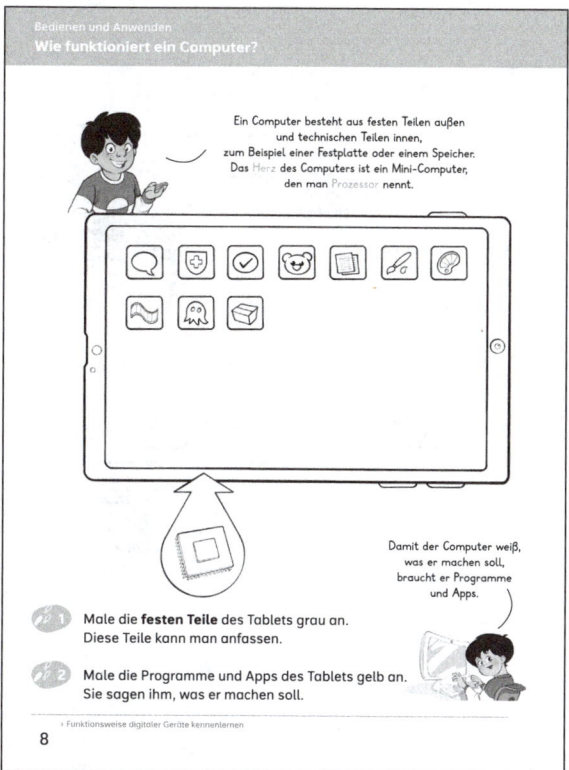

Ein Computer besteht aus festen Teilen außen
und technischen Teilen innen,
zum Beispiel einer Festplatte oder einem Speicher.
Das Herz des Computers ist ein Mini-Computer,
den man Prozessor nennt.

Damit der Computer weiß,
was er machen soll,
braucht er Programme
und Apps.

1 Male die **festen Teile** des Tablets grau an.
Diese Teile kann man anfassen.

2 Male die Programme und Apps des Tablets gelb an.
Sie sagen ihm, was er machen soll.

› Funktionsweise digitaler Geräte kennenlernen

8

Bedienen und Anwenden
Wie ist ein Tablet aufgebaut?

Mein Tablet hat zwei Kameras. Eine befindet sich auf
der Vorderseite und eine auf der Rückseite.
Mit ihnen kann ich Fotos machen. Oft nehme ich auch
mit dem Mikrofon Geräusche auf.
Diese kann ich mir über den Lautsprecher anhören.
Unten am Tablet habe ich einen Anschluss,
um mein Tablet zu laden.

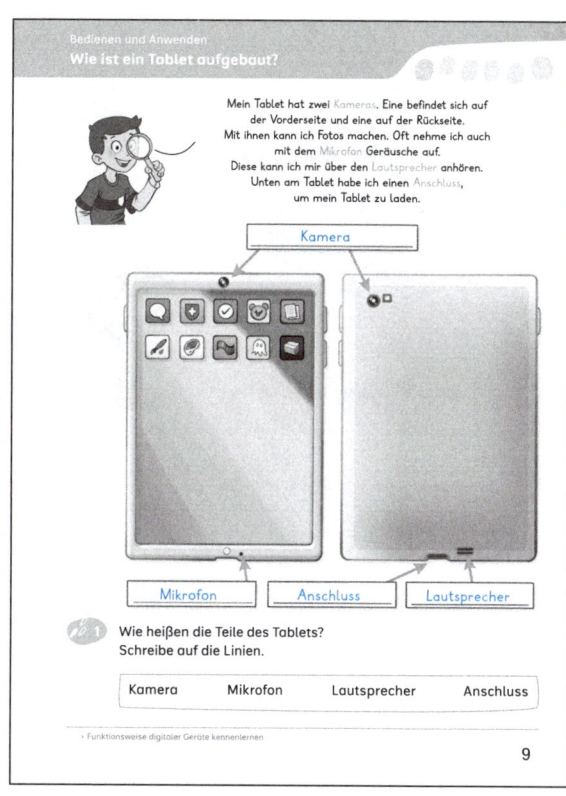

Kamera

Mikrofon   Anschluss   Lautsprecher

1 Wie heißen die Teile des Tablets?
Schreibe auf die Linien.

Kamera   Mikrofon   Lautsprecher   Anschluss

› Funktionsweise digitaler Geräte kennenlernen

9

Bedienen und Anwenden
Wie ist ein Laptop aufgebaut?

Mit der Kamera meines Laptops kann ich Fotos machen.
Auf dem Bildschirm sehe ich die Fotos, aber auch Wörter.
Die Wörter kann ich mit einer Tastatur tippen.
Das Touchpad benutze ich, um etwas zu markieren.
Manchmal verwende ich dafür auch eine Maus.

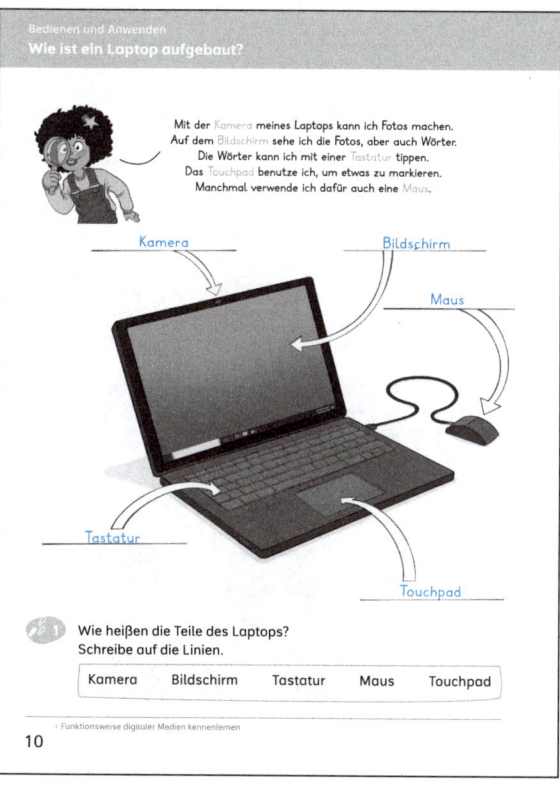

Kamera   Bildschirm

Maus

Tastatur

Touchpad

1 Wie heißen die Teile des Laptops?
Schreibe auf die Linien.

Kamera   Bildschirm   Tastatur   Maus   Touchpad

› Funktionsweise digitaler Medien kennenlernen

10

Bedienen und Anwenden
Wie schreibe ich mit einem Text-Programm?

1 Suche die Buchstaben deines Namens auf der Tastatur
und kreise sie ein.

In der Bibliothek

individuelle Lösung

2 Schreibe deinen Namen in einem Text-Programm.
Versuche, kleine und große Buchstaben zu schreiben.
individuelle Lösung

› digitale Werkzeuge kennen und diese reflektiert
und zielgerichtet einsetzen

11

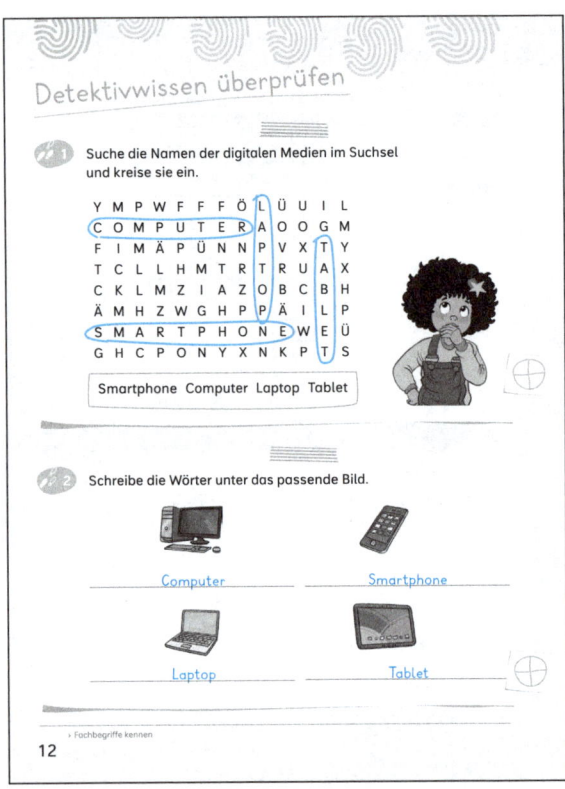

Detektivwissen überprüfen

1 Suche die Namen der digitalen Medien im Suchsel und kreise sie ein.

```
Y M P W F F Ö L Ü U I L
C O M P U T E R A O O G M
F I M Ä P Ü N N P V X T Y
T C L L H M T R U A A X
C K L M Z I A Z O B C B L H
Ä M H Z W G H P P Ä I L P
S M A R T P H O N E W E T Ü
G H C P O N Y X N K P T S
```

Smartphone   Computer   Laptop   Tablet

2 Schreibe die Wörter unter das passende Bild.

Computer

Smartphone

Laptop

Tablet

› Fachbegriffe kennen

12

Spurensicherung: Der 1. Hinweis!

Paul schluckt: „Ich glaube, hier wurde eingebrochen."
Lulu bleibt ganz ruhig. „So einen Einbruch haben wir
ja noch nie gesehen. Wir sollten checken, was da zu tun ist."
Umut greift in seine Hosentasche.
„Miran hat mir heute sein Handy ausgeliehen.
Ich schau gleich mal im Internet nach."
Auch Elsa zückt ein Handy.
Sie durfte sich das ihrer Mutter ausleihen.
Lulu will nicht warten. Schnell läuft sie
zum Computer. Und Paul rollt zum Regal
mit den Lexika, Sachbüchern und Zeitschriften.

? Nur ein Kind nutzt zwei Medien. Wer?
Schau genau und spure nach.

☐ Lulu
1a   **A**

☒ Paul
1b   **E**

13

Informieren und Recherchieren
Wo kann ich Informationen finden?

Im Unterricht haben Lulu, Umut, Paul und Elsa
über Haustiere gesprochen. Heute sollen sie Informationen
zu ihren Lieblingshaustieren herausfinden.
Wo können sie diese finden?

Es gibt Informationen,
die ich in Sachbüchern,
Zeitschriften oder
auch Lexika finde.
Sie heißen
analoge Informationen.

Es gibt Informationen, die ich
in Kindersuchmaschinen
entdecken kann. Sie heißen
digitale Informationen.

1 Wo kannst du in dem Klassenzimmer Informationen finden?
Kreise ein.

› Informationsrecherchen zielgerichtet durchführen
› analoge und digitale Informationsquellen nutzen

14

Informieren und Recherchieren
Welche Medien kenne ich?

Es gibt verschiedene Medien,
um Informationen zu finden.
Hier unterscheidet man
zwischen digitalen Medien
und analogen Medien.

1 Kreuze alle digitalen Medien grün an. ⊗
Kreuze alle analogen Medien blau an. ⊗

2 Welches der beiden Bücher sollten Umut und Lulu benutzen,
um sich über das Chamäleon als Haustier zu informieren?
Kreuze an.

› analoge und digitale Informationsquellen kennen
und bewerten

15

Informieren und Recherchieren
Wo suche ich Informationen?

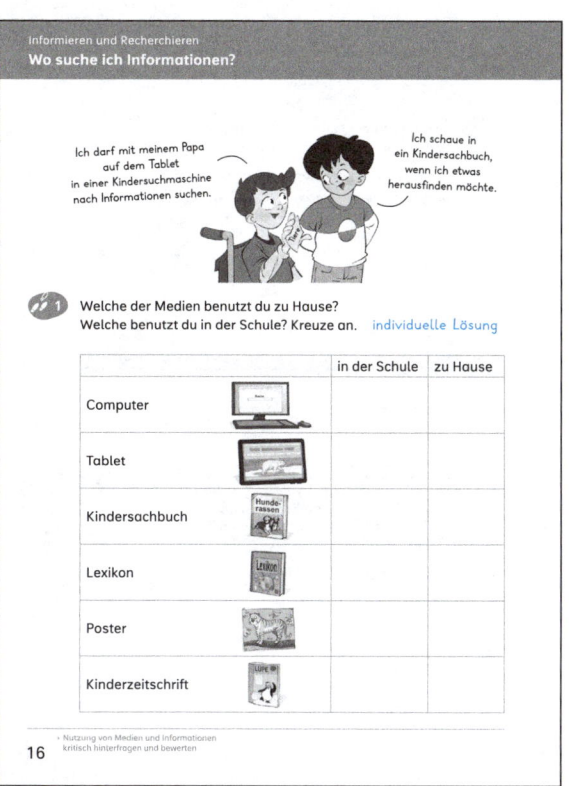

Ich darf mit meinem Papa auf dem Tablet in einer Kindersuchmaschine nach Informationen suchen.

Ich schaue in ein Kindersachbuch, wenn ich etwas herausfinden möchte.

1 Welche der Medien benutzt du zu Hause? Welche benutzt du in der Schule? Kreuze an. *individuelle Lösung*

	in der Schule	zu Hause
Computer		
Tablet		
Kindersachbuch		
Lexikon		
Poster		
Kinderzeitschrift		

› Nutzung von Medien und Informationen kritisch hinterfragen und bewerten

16

Informieren und Recherchieren
Welche Suchmaschinen gibt es?

1 Kreise ein: Wo musst du jeweils klicken, damit du eine Suche starten kannst?

2 Welche Frage kannst du mit einer Suchmaschine beantworten? Kreuze an.

Wie alt ist mein Meerschweinchen?	
Wie alt werden Katzen?	✕
Wann kommt Mama nach Hause?	
Wann öffnet der Supermarkt?	✕

› Informationen und Daten aus Medienangeboten filtern
› Kindersuchmaschinen kennen und nutzen
› Informationen, Daten und Quellen kritisch bewerten

17

Informieren und Recherchieren
Wo erhalte ich Informationen, wenn ich etwas nicht weiß?

Mein Haustier

Ich habe kein Haustier. Ich möchte aber gerne eine Katze haben. Meine Freundin Lea sagt, dass Katzen nur Mäuse fressen. Das ist ja ekelig! Stimmt das?

Mein Onkel hat eine Katze. Die frisst Futter aus der Dose.

1 Was fressen Katzen? Wer kann Lulu helfen, das herauszufinden? Kreuze an.

2 Wen fragst du, wenn du etwas wissen willst?

individuelle Lösung

› Informationen filtern, strukturieren und bewerten

18

Informieren und Recherchieren
Wo gibt es jeden Tag neue Informationen?

Jeden Tag gibt es viele Informationen darüber, was bei dir im Ort und in der ganzen Welt passiert.

1 Wo kannst du viele Informationen bekommen? Kreise ein.

2 Wo findest du zu Hause Informationen, wenn du welche suchst?

individuelle Lösung

› Informationsquellen kennen und kritisch bewerten

19

TEAM LUPE ERMITTELT – Medienbildung 2 – LÖSUNGEN

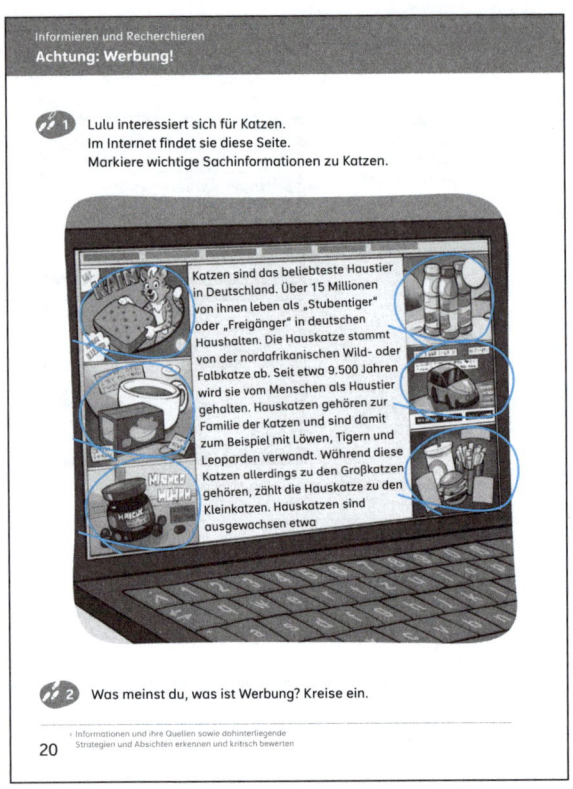

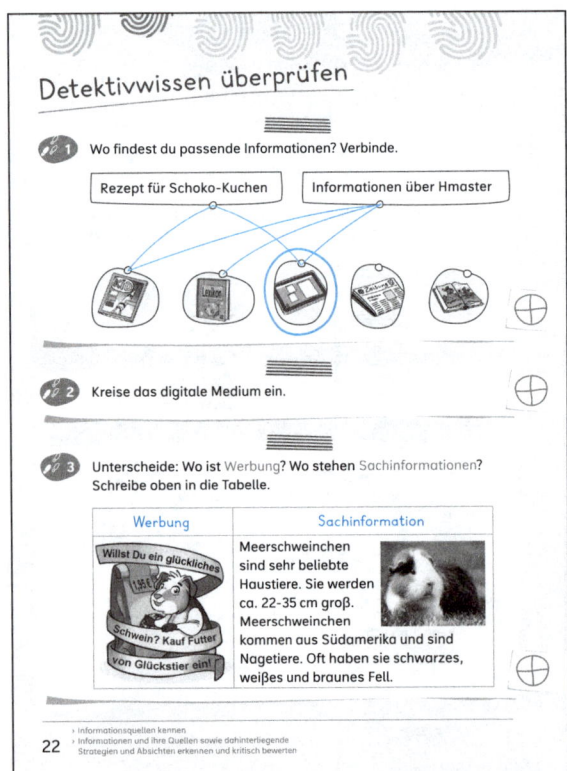

TEAM LUPE ERMITTELT – Medienbildung 2 – LÖSUNGEN

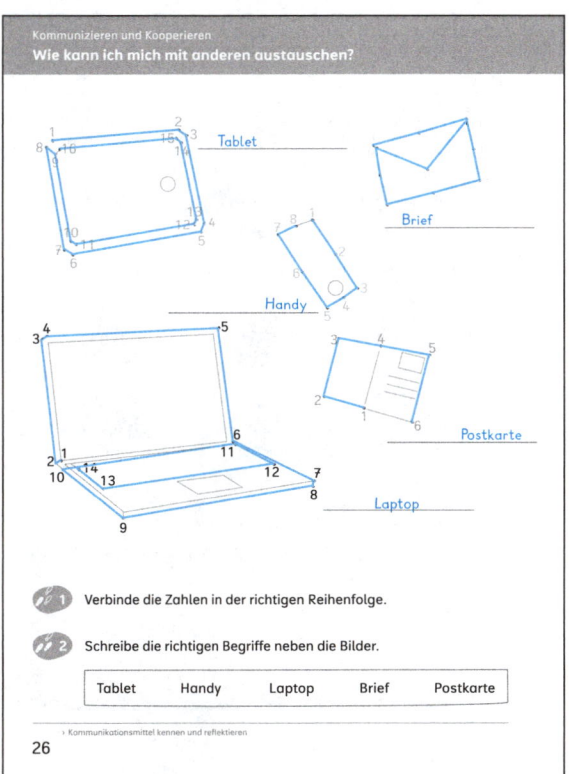

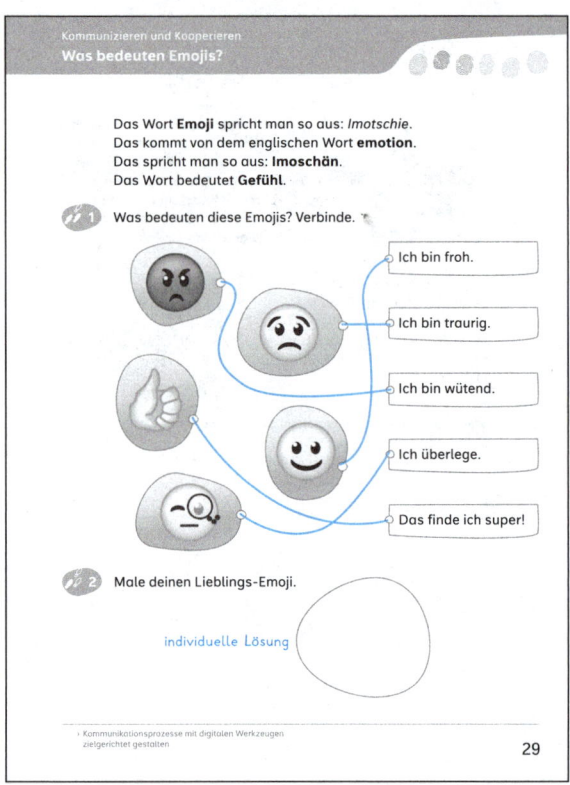

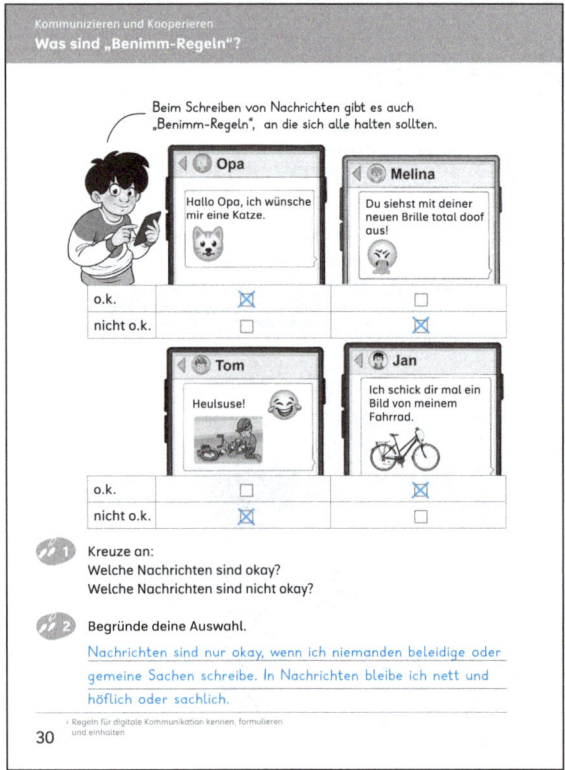

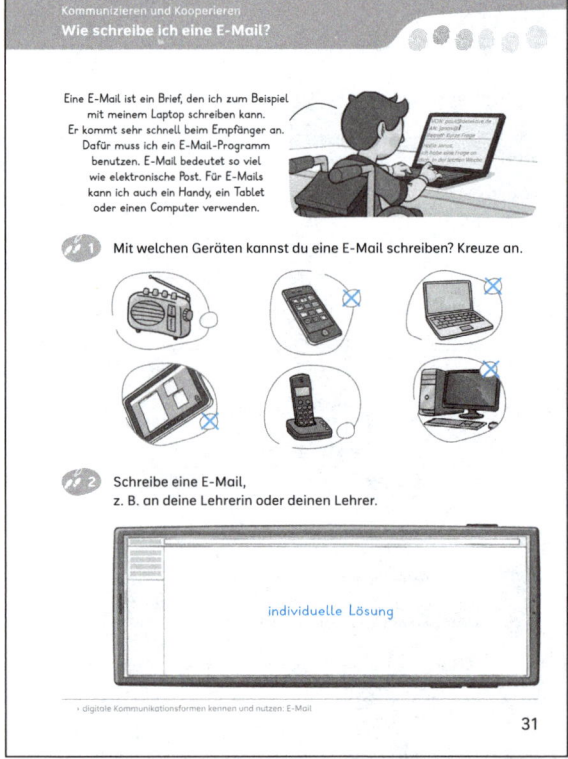

TEAM LUPE ERMITTELT – Medienbildung 2 – LÖSUNGEN

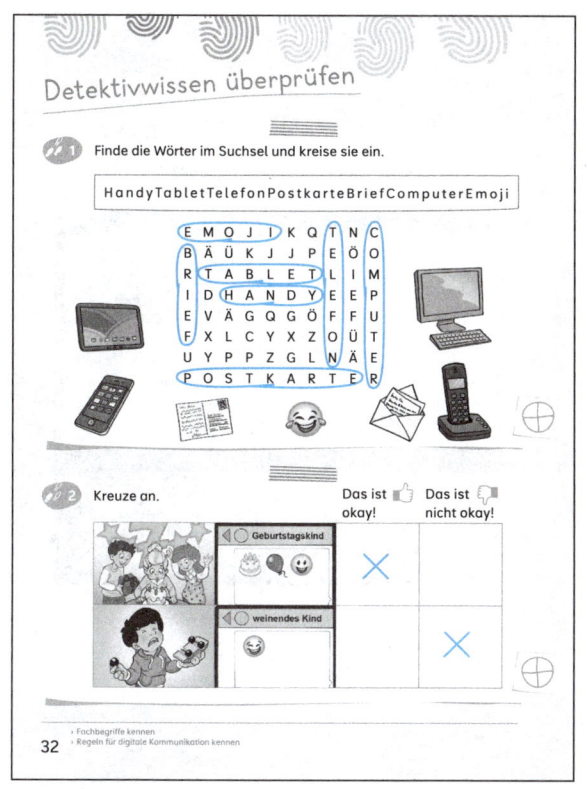

Detektivwissen überprüfen

1 Finde die Wörter im Suchsel und kreise sie ein.

HandyTabletTelefonPostkarteBriefComputerEmoji

E	M	O	J	I	K	Q	T	N	C
B	Ä	Ü	K	J	J	P	E	Ö	O
R	T	A	B	L	E	T	L	I	M
I	D	H	A	N	D	Y	E	E	P
E	V	Ä	G	Q	G	Ö	F	F	U
F	X	L	C	Y	X	Z	O	Ü	T
U	Y	P	P	Z	G	L	N	Ä	R
P	O	S	T	K	A	R	T	E	R

2 Kreuze an.

	Das ist okay! 👍	Das ist nicht okay! 👎
Geburtstagskind	✗	
weinendes Kind		✗

Fachbegriffe kennen
Regeln für digitale Kommunikation kennen

32

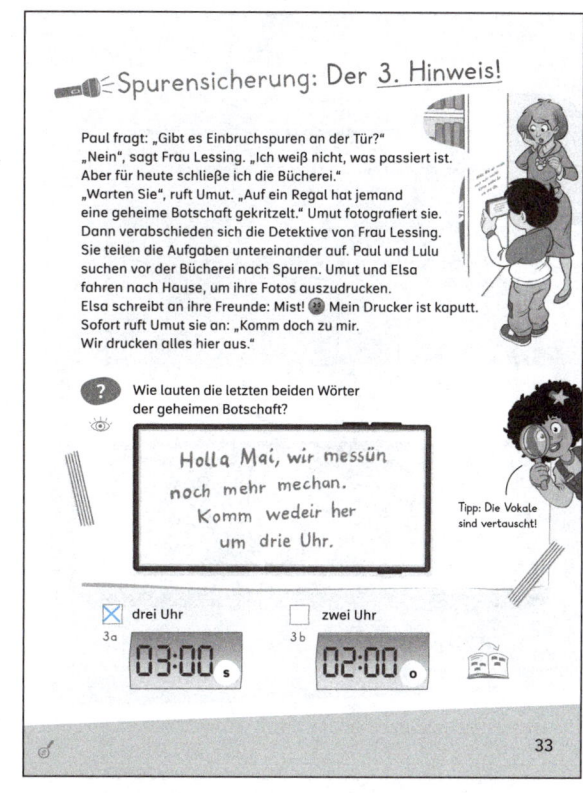

🔦 Spurensicherung: Der 3. Hinweis!

Paul fragt: „Gibt es Einbruchsspuren an der Tür?"
„Nein", sagt Frau Lessing. „Ich weiß nicht, was passiert ist.
Aber für heute schließe ich die Bücherei."
„Warten Sie", ruft Umut. „Auf ein Regal hat jemand
eine geheime Botschaft gekritzelt." Umut fotografiert sie.
Dann verabschieden sich die Detektive von Frau Lessing.
Sie teilen die Aufgaben untereinander auf. Paul und Lulu
suchen vor der Bücherei nach Spuren. Umut und Elsa
fahren nach Hause, um ihre Fotos auszudrucken.
Elsa schreibt an ihre Freunde: Mist! 😖 Mein Drucker ist kaputt.
Sofort ruft Umut sie an: „Komm doch zu mir.
Wir drucken alles hier aus."

? Wie lauten die letzten beiden Wörter
der geheimen Botschaft?

> Holla Mai, wir messün
> noch mehr mechan.
> Komm wedeir her
> um drie Uhr.

Tipp: Die Vokale sind vertauscht!

☒ drei Uhr	☐ zwei Uhr
3a `03:00` s	3b `02:00` o

33

Ich recherchiere mit einer Kindersuchmaschine und lese Informationen zu Schildkröten.

Ich spreche Informationen zur Schildkröte in mein Mikrofon. Damit kann ich auch eine Aufnahme machen, die später von den anderen Kindern abgehört werden kann.

Ich mache ein Foto von der Schildkröte mit dem Tablet. Dabei zoome ich ganz nah heran, damit wir die Augen der Schildkröte auf dem Foto besser erkennen können. Später drucke ich das Foto aus.

Welche Geräte kannst du digital nutzen? Kreise ein.

Gestaltungsmittel von Medienprodukten kennen

34

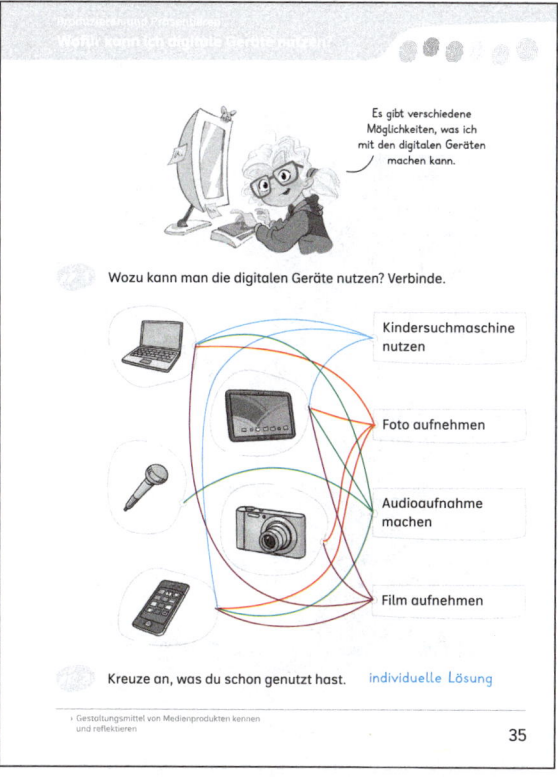

Es gibt verschiedene Möglichkeiten, was ich mit den digitalen Geräten machen kann.

Wozu kann man die digitalen Geräte nutzen? Verbinde.

- Kindersuchmaschine nutzen
- Foto aufnehmen
- Audioaufnahme machen
- Film aufnehmen

Kreuze an, was du schon genutzt hast. *individuelle Lösung*

Gestaltungsmittel von Medienprodukten kennen und reflektieren

35

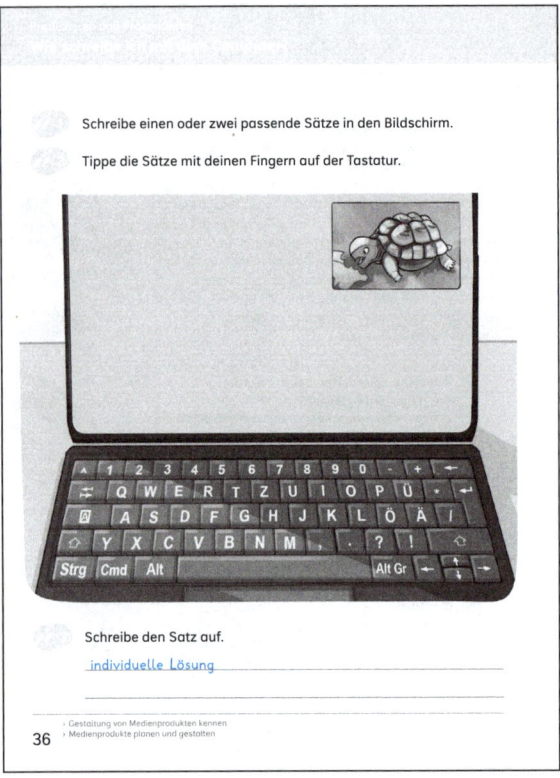

Schreibe einen oder zwei passende Sätze in den Bildschirm.

Tippe die Sätze mit deinen Fingern auf der Tastatur.

Schreibe den Satz auf.

individuelle Lösung

› Gestaltung von Medienprodukten kennen
› Medienprodukte planen und gestalten

36

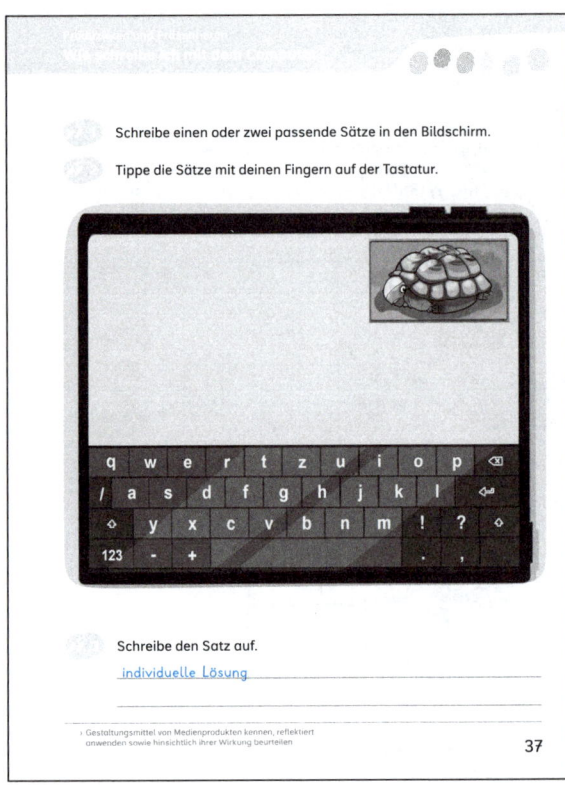

Schreibe einen oder zwei passende Sätze in den Bildschirm.

Tippe die Sätze mit deinen Fingern auf der Tastatur.

Schreibe den Satz auf.

individuelle Lösung

› Gestaltungsmittel von Medienprodukten kennen, reflektiert
anwenden sowie hinsichtlich ihrer Wirkung beurteilen

37

Mit meinen Fingern kann ich das Bild größer und kleiner machen. Das nennt man

größer

kleiner

Male das vergrößerte Foto in den Bildschirm.

individuelle Lösung

› Gestaltungsmittel von Medienprodukten kennen, reflektiert
anwenden sowie hinsichtlich ihrer Wirkung beurteilen

38

Mit welchen Geräten kannst du ein Foto aufnehmen? Male an.

Kreuze an, welche Geräte du schon zum Aufnehmen eines Fotos verwendet hast.

Bringe ein Foto mit, das du gemacht hast. Klebe es auf.

individuelle Lösung

Mit welchem Gerät hast du das Foto gemacht? Schreibe auf.

individuelle Lösung

› Gestaltungsmittel von Medienprodukten kennen, reflektiert
anwenden sowie hinsichtlich ihrer Wirkung und Aussageabsicht
beurteilen

39

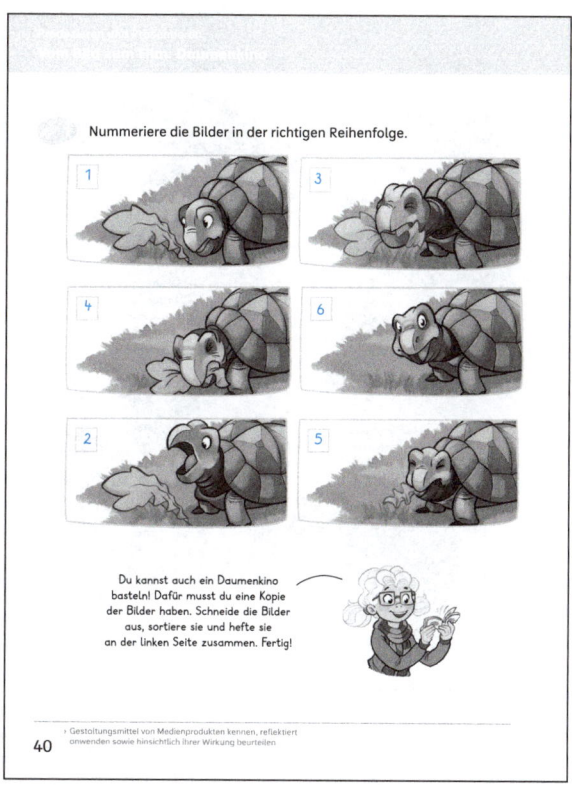

Nummeriere die Bilder in der richtigen Reihenfolge.

Du kannst auch ein Daumenkino basteln! Dafür musst du eine Kopie der Bilder haben. Schneide die Bilder aus, sortiere sie und hefte sie an der linken Seite zusammen. Fertig!

› Gestaltungsmittel von Medienprodukten kennen, reflektiert anwenden sowie hinsichtlich ihrer Wirkung beurteilen

40

Lies die verschiedenen Möglichkeiten, wie du Ton aufnehmen kannst. Trage bei jedem Bild die richtige Nummer ein.

① In ein Smartphone sprechen
② In ein Mikrofon sprechen
③ Ein Tablet verwenden

Nimm drei Sätze mit einem digitalen Gerät auf und spiele sie ab.

Auf was musst du bei deiner Tonaufnahme achten? Kreuze an.

☒ Ich achte darauf, dass es keine Nebengeräusche gibt.
☒ Ich spreche laut und deutlich.
☒ Ich verdecke das Mikrofon nicht mit der Hand.
☐ Meine Haare sind gekämmt.
☐ Ich höre Musik.

› Gestaltungsmittel von Medienprodukten kennen, reflektiert anwenden sowie hinsichtlich ihrer Wirkung beurteilen

41

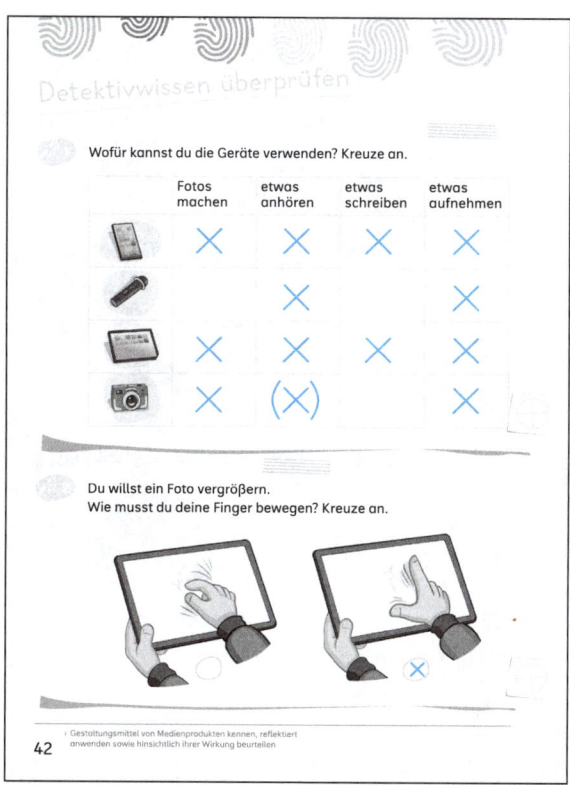

Detektivwissen überprüfen

Wofür kannst du die Geräte verwenden? Kreuze an.

	Fotos machen	etwas anhören	etwas schreiben	etwas aufnehmen
	☒	☒	☒	☒
		☒		☒
	☒	☒	☒	☒
	☒	(☒)		☒

Du willst ein Foto vergrößern. Wie musst du deine Finger bewegen? Kreuze an.

☒

› Gestaltungsmittel von Medienprodukten kennen, reflektiert anwenden sowie hinsichtlich ihrer Wirkung beurteilen

42

Spurensicherung: Der 4. Hinweis!

Kurze Zeit später treffen sich alle Detektive bei Umut. Elsa legt die Fotos auf den Tisch. „Wer macht so ein Chaos?", überlegt Lulu. „Ein Bücherfeind?" Umut rätselt, wer Mia ist und was die Täter als Nächstes vorhaben. Paul erzählt: „Außen an der Tür zur Bücherei hingen drei Stofftaschen." Lulu hat eine Tasche mitgebracht. Sie ist hübsch bemalt. Eine Weltkugel ist darauf, die Sonne und ein Pferd auf einer Wiese. Elsa ruft: „So eine Stofftasche hab ich schon einmal gesehen! Beim Schulfest!" Umut nimmt das Tablet. „Volltreffer!", freut er sich und zeigt auf die Homepage der Schule.

Finde die Unterschiede zwischen den Fotos. Wie viele sind es?

☐ sechs   ☒ fünf

43

Analysieren und Reflektieren
Welche Medien gab es früher? Welche gibt es heute?

1 Welche Medien benutzt du? Kreise ein. individuelle Lösung

› Vielfalt von Medien, ihre Entwicklung und Bedeutung kennen, analysieren und reflektieren

44

Analysieren und Reflektieren
Informationen zu Medien von Früher

Ich kenne den Dia-Projektor. Meine Oma und mein Opa haben mir neulich Dias von meiner Mama gezeigt, als sie noch klein war. Dias sind Fotos, die man auf einer Leinwand in groß sehen kann. Das ist toll!

Ich kenne den Schallplattenspieler. Ich habe noch Schallplatten von meinem Vater. Wir haben auch einen Schallplattenspieler und ab und zu höre ich eine Schallplatte. Sie dreht sich, wenn sie abgespielt wird.

Mein Opa hat mir neulich ein altes Telefon mit Schnur gezeigt. Lustig, dass das funktioniert hat!

Wir benutzen den Overhead-Projektor manchmal in der Schule. Damit zeigt unsere Lehrerin uns Bilder und Zeichnungen.

1 Welche Medien kennst du? Kreise ein. individuelle Lösung

› Vielfalt von Medien, ihre Entwicklung und Bedeutung kennen, analysieren und reflektieren

45

Analysieren und Reflektieren
Welche Medien von Früher finde ich?

Kassettenrekorder   Schallplattenspieler
CD-Player   Telefon
Overhead-Projektor   Dia-Projektor

K	A	S	S	E	T	T	E	N	R	E	K	O	R	D	E	R
Y	O	C	O	P	Ü	Ä	N	N	O	B	B	U	R	D	D	R
W	R	H	Z	T	U	K	L	B	V	G	R	E	T	T	Z	T
S	C	A	L	L	Z	H	F	E	E	T	Z	Ä	M	O	P	T
F	U	L	L	Z	U	I	Ö	M	R	M	O	Ü	S	S	F	S
I	G	L	A	M	N	I	E	E	H	T	Z	I	P	Ü	M	H
U	G	P	B	K	C	K	L	I	E	P	L	Ü	W	Q	U	C
Z	I	L	N	K	L	Ö	Ä	U	A	Ü	V	F	V	W	Q	U
B	R	A	Z	T	Ü	Ö	N	C	D	-	P	L	A	Y	E	R
V	Z	T	U	I	Ü	J	Ä	C	-	H	U	P	Ü	Q	F	X
F	Z	T	B	N	L	K	V	S	P	E	T	T	Ü	Ä	N	I
D	C	E	B	Z	U	K	H	C	R	S	C	G	L	Ö	L	O
V	R	N	V	E	R	H	U	J	O	L	L	Ö	P	T	Ä	C
Z	T	S	V	F	D	E	W	E	J	I	L	J	B	E	M	T
H	U	P	F	T	Z	R	E	F	E	K	F	Ä	N	L	O	V
Ö	A	I	L	O	B	T	R	I	K	H	K	J	Ä	E	Ü	X
R	I	E	K	C	T	Z	U	D	T	Ü	L	F	X	F	O	V
P	U	L	D	I	A	-	P	R	O	J	E	K	T	O	R	L
R	E	E	Z	U	P	N	Z	T	R	S	V	R	T	N	Ü	K
E	R	R	G	B	N	J	O	K	L	P	Ü	F	Ä	A	W	R

1 Finde die Wörter und kreise sie ein.

› Vielfalt von Medien, ihre Entwicklung und Bedeutung kennen, analysieren und reflektieren
› Fachbegriffe kennen

46

Analysieren und Reflektieren
Kenne ich den Unterschied?

1 Welche Spiele sind analog? Male den Kreis blau an.

2 Welche Spiele sind digital? Male die Kreise grün an.

3 Welche Spiele spielst du gern? Kreuze an. ☒ individuelle Lösung

› Vielfalt von Medien und ihre Bedeutung kennen, analysieren und reflektieren

47

TEAM LUPE ERMITTELT – Medienbildung 2 – LÖSUNGEN

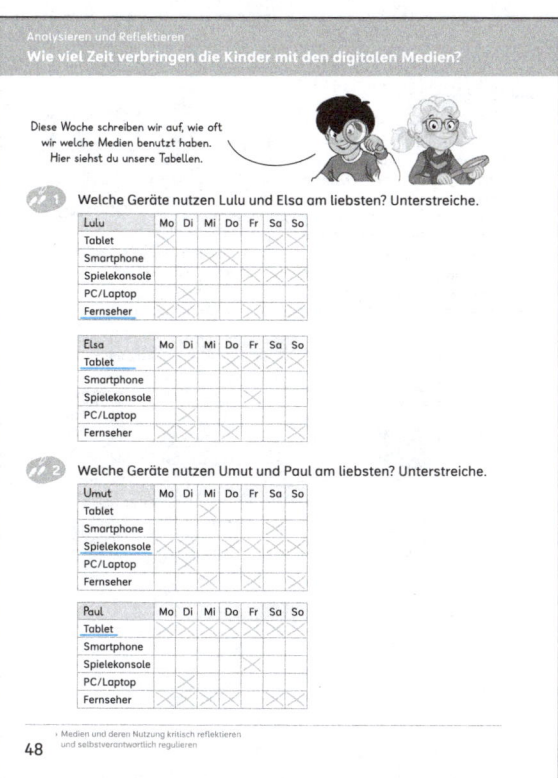

Wie viel Zeit verbringen die Kinder mit den digitalen Medien?

Diese Woche schreiben wir auf, wie oft wir welche Medien benutzt haben. Hier siehst du unsere Tabellen.

1 Welche Geräte nutzen Lulu und Elsa am liebsten? Unterstreiche.

Lulu	Mo	Di	Mi	Do	Fr	Sa	So
Tablet	X						
Smartphone							
Spielekonsole				X	X	X	
PC/Laptop	X		X				
Fernseher	X	X	X	X	X		

Elsa	Mo	Di	Mi	Do	Fr	Sa	So
Tablet	X	X	X	X	X	X	X
Smartphone							
Spielekonsole							
PC/Laptop	X		X				
Fernseher	X	X		X		X	

2 Welche Geräte nutzen Umut und Paul am liebsten? Unterstreiche.

Umut	Mo	Di	Mi	Do	Fr	Sa	So
Tablet		X		X			
Smartphone							
Spielekonsole	X	X	X	X	X	X	X
PC/Laptop		X					
Fernseher	X		X		X		

Paul	Mo	Di	Mi	Do	Fr	Sa	So
Tablet	X	X	X	X	X	X	X
Smartphone							
Spielekonsole			X				
PC/Laptop							
Fernseher	X	X	X	X	X		

› Medien und deren Nutzung kritisch reflektieren und selbstverantwortlich regulieren

48

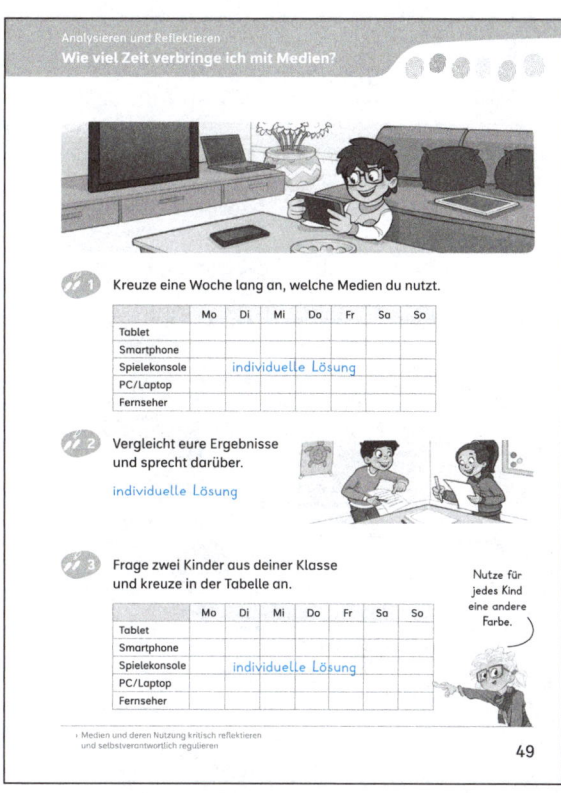

Wie viel Zeit verbringe ich mit Medien?

1 Kreuze eine Woche lang an, welche Medien du nutzt.

	Mo	Di	Mi	Do	Fr	Sa	So
Tablet							
Smartphone							
Spielekonsole			*individuelle Lösung*				
PC/Laptop							
Fernseher							

2 Vergleicht eure Ergebnisse und sprecht darüber.

individuelle Lösung

3 Frage zwei Kinder aus deiner Klasse und kreuze in der Tabelle an.

Nutze für jedes Kind eine andere Farbe.

	Mo	Di	Mi	Do	Fr	Sa	So
Tablet							
Smartphone							
Spielekonsole			*individuelle Lösung*				
PC/Laptop							
Fernseher							

› Medien und deren Nutzung kritisch reflektieren und selbstverantwortlich regulieren

49

Welche Regeln finde ich sinnvoll bei der Mediennutzung?

Ich darf nur abends auf der Spielekonsole spielen.

Ich spiele jeden Nachmittag zwanzig Minuten auf dem Tablet.

Ich zeichne, wenn ich Lust habe, auf dem Tablet meiner Mutter und drucke hinterher meine Bilder aus.

Ich darf am Wochenende meine Lieblingsserie sehen.

1 Welche Regeln sind sinnvoll? Kreuze an. *individuelle Lösung*

2 Welche Regeln gibt es bei dir bei der Mediennutzung? Schreibe sie auf.

_____

_____

individuelle Lösung

_____

_____

› Medien und deren Nutzung kritisch reflektieren und selbstverantwortlich regulieren
› Chancen und Herausforderungen von Medien erkennen

50

Welche Spiele gefallen mir?

Mit meinem Vater spiele ich oft Schach.

Mit meinen Freunden spiele ich gern mit der Spielekonsole.

1 Male oder schreibe deine Lieblingsspiele auf.

Mein analoges Lieblingsspielzeug	Mein digitales Lieblingsspielzeug
individuelle Lösung	*individuelle Lösung*

› Medien und deren Nutzung kritisch reflektieren und selbstverantwortlich regulieren
› Chancen und Herausforderungen von Medien erkennen

51

Detektivwissen überprüfen

| DIA-PROJEKTOR | SCHALLPLATTENSPIELER |
| TELEFON | KASSETTENREKORDER |

1		Dia-Projektor
2		Kassettenrekorder
3		Schallplattenspieler
4		Telefon

Mein Gerät kann Musik abspielen. Es dreht sich darauf eine schwarze runde Scheibe. **3**

Mein Gerät kann Fotos auf einer großen Leinwand abbilden. **1**

Mein Gerät hat eine Scheibe mit Zahlen, die sich drehen lässt. Man kann damit mit anderen Menschen sprechen. **4**

Mein Gerät spielt Musik oder Hörspiele ab. Im Inneren wird ein Band weiterbewegt. **2**

1 Lies die Rätsel. Welches Gerät ist gemeint? Schreibe die richtige Zahl dazu.

2 Kennst du die Namen der Medien von früher? Schreibe die Namen in die Tabelle.

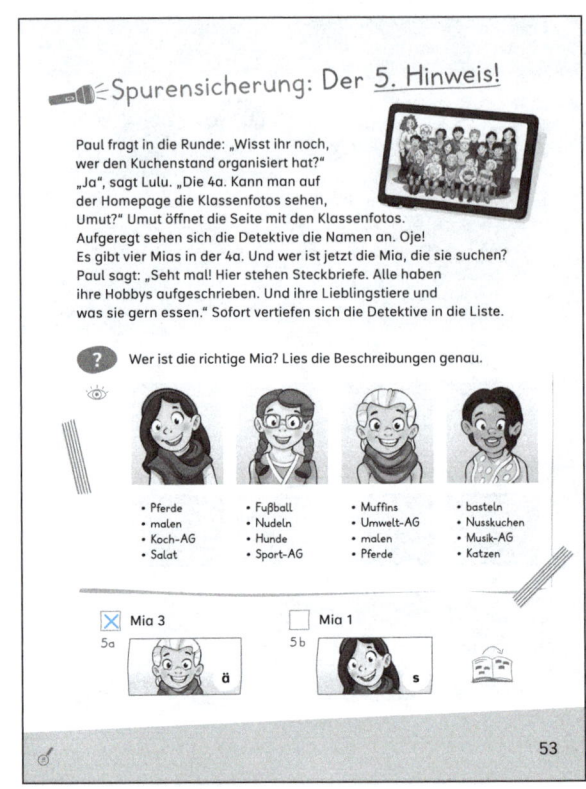

Spurensicherung: Der 5. Hinweis!

Paul fragt in die Runde: „Wisst ihr noch, wer den Kuchenstand organisiert hat?" „Ja", sagt Lulu. „Die 4a. Kann man auf der Homepage die Klassenfotos sehen, Umut?" Umut öffnet die Seite mit den Klassenfotos. Aufgeregt sehen sich die Detektive die Namen an. Oje! Es gibt vier Mias in der 4a. Und wer ist jetzt die Mia, die sie suchen? Paul sagt: „Seht mal! Hier stehen Steckbriefe. Alle haben ihre Hobbys aufgeschrieben. Und ihre Lieblingstiere und was sie gern essen." Sofort vertiefen sich die Detektive in die Liste.

? Wer ist die richtige Mia? Lies die Beschreibungen genau.

- Pferde
- malen
- Koch-AG
- Salat

- Fußball
- Nudeln
- Hunde
- Sport-AG

- Muffins
- Umwelt-AG
- malen
- Pferde

- basteln
- Nusskuchen
- Musik-AG
- Katzen

☒ Mia 3   ☐ Mia 1
5a   **ä**   5b   **s**

Wird von einem Computer gesteuert.   Wird nicht von einem Computer gesteuert.

Wenn meine Mutter am Geldautomat Geld holt, wird dies von einem Computer gesteuert.

Ich habe einen Roboter gebaut. Diesen kann ich mit meinem Tablet bewegen.

Eine Spielkonsole wird von einem Computer gesteuert.

Die Figuren auf dem Spielbrett bewege ich mit meiner Hand.

TV

1 Kreise alles gelb ein, was von einem Computer gesteuert wird.

2 Kreise alles grün ein, was nicht von einem Computer gesteuert wird.

Heute sind wir auf dem Schulhof! Wir programmieren uns gegenseitig. Immer ein Kind gibt einem anderen, das die Augen verbunden hat, einen Befehl, wie es von einem Ort zum anderen Ort kommen kann. So kann man auch Roboter programmieren!

Lulu gehe drei Schritte nach vorn. Danach drehe dich nach links um. Jetzt musst du zwei Schritte nach vorn laufen.

Elsa, du musst dich nach rechts umdrehen und danach vier Schritte nach vorn laufen.

1 Überlegt euch ein eigenes Roboterspiel.   individuelle Lösung

Problemlösen und Modellieren
Welche Bedeutung haben die Befehle?

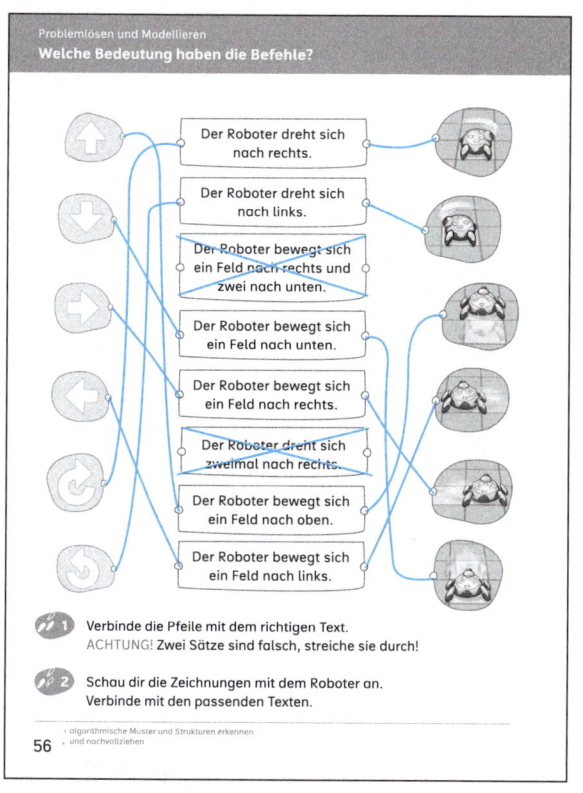

1 Verbinde die Pfeile mit dem richtigen Text.
ACHTUNG! Zwei Sätze sind falsch, streiche sie durch!

2 Schau dir die Zeichnungen mit dem Roboter an.
Verbinde mit den passenden Texten.

› algorithmische Muster und Strukturen erkennen
› und nachvollziehen

56

Problemlösen und Modellieren
Findet der Roboter den Weg?

Paul und Lulu stellen heuten ihren Roboter vor. Sie haben ihn programmiert, indem sie die Pfeile gedrückt haben. Er soll vom Startpunkt der Biene bis zu den Blüten des Apfelbaums fahren.

1 Programmiere den Roboter weiter.
Schreibe die vier fehlenden Befehle in die Kästchen.

| Start | ⬆ | ⬆ | ↻ | ➡ | → | → | ↺ | ↑ | Endpunkt |

2 Überprüfe die Befehle und schaue,
ob der Roboter von der Biene zur Blüte kommt.

› algorithmische Muster und Strukturen erkennen
und nachvollziehen

57

Problemlösen und Modellieren
Wie programmiere ich einen Roboter?

Um einen Roboter zu programmieren, muss ich ihm genaue Anweisungen geben. Es gibt immer einen Startpunkt und einen Endpunkt.

Hierfür muss ich ihm sagen, wie er laufen soll. Das Karofeld kann als Orientierung dienen. Man kann die folgenden Pfeile verwenden:

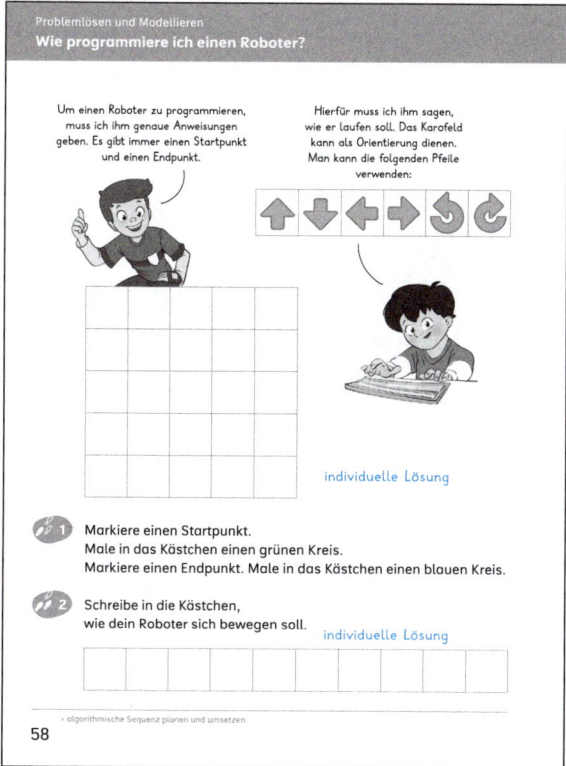

individuelle Lösung

1 Markiere einen Startpunkt.
Male in das Kästchen einen grünen Kreis.
Markiere einen Endpunkt. Male in das Kästchen einen blauen Kreis.

2 Schreibe in die Kästchen,
wie dein Roboter sich bewegen soll. individuelle Lösung

› algorithmische Sequenz planen und umsetzen

58

Problemlösen und Modellieren
Wie sieht mein Wunsch-Roboter aus?

Mein Wunsch-Roboter ist eine Aufräum-Maschine!

individuelle Lösung

1 Male deinen Wunsch-Roboter.

2 Schreibe auf, was er kann und was er nicht kann.

Mein Wunsch-Roboter kann _individuelle Lösung_

Mein Wunsch-Roboter kann nicht _individuelle Lösung_

› Auswirkungen von Automatisierung in der digitalen Welt
beschreiben und reflektieren

59

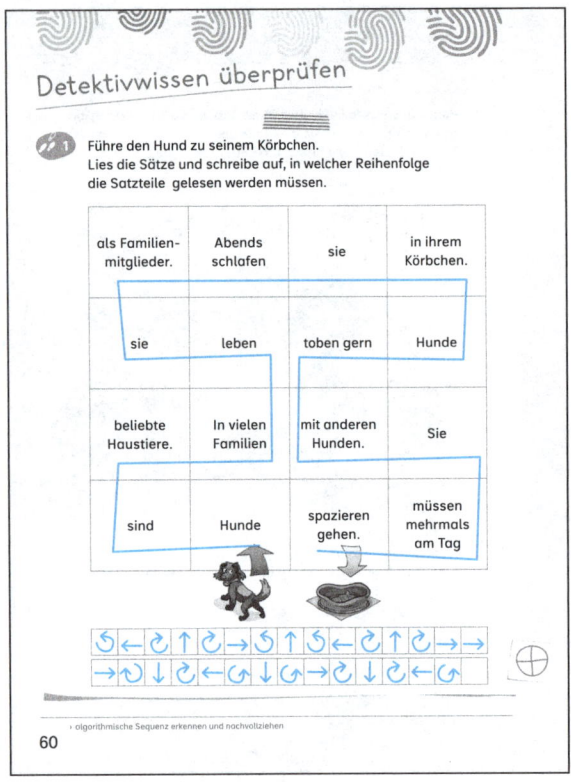

Detektivwissen überprüfen

1 Führe den Hund zu seinem Körbchen.
Lies die Sätze und schreibe auf, in welcher Reihenfolge
die Satzteile gelesen werden müssen.

als Familienmitglieder.	Abends schlafen	sie	in ihrem Körbchen.
sie	leben	toben gern	Hunde
beliebte Haustiere.	In vielen Familien	mit anderen Hunden.	Sie
sind	Hunde	spazieren gehen.	müssen mehrmals am Tag

› algorithmische Sequenz erkennen und nachvollziehen

60

Spurensicherung: Der 6. Hinweis!

Jetzt ist klar, wer die richtige Mia ist. Paul sagt:
„Sie ist in der Umwelt-AG! Vielleicht geht es ja
um unsere Umwelt! Denkt nur an den Müll auf dem Boden …"
Elsa stöhnt. „Wir wissen noch viel zu wenig.
Was hat Mia als Nächstes vor?"
Die Detektive schauen sich die Fotos vom Tatort
noch einmal sehr genau an.
Plötzlich ruft Umut: „Wir haben bei der Geheimbotschaft
etwas Wichtiges übersehen!"
Lulu holt schnell eine Lupe. Nun sehen es alle.
Unter der großen Schrift ist ein winziger Code.
Elsa liest ihn laut vor: „Bücherei – rechts – links – links – rechts."

? Bald ist es drei Uhr! Team LUPE rennt mit Stadtplan und Code los.
Wo landen sie?

☒ Park
6a
r

☐ Freibad
6b
e

61

Mein Stickerbogen

TEAM
LUPE
ERMITTELT

TEAM LUPE

FALL GELÖST!

PSSST!

SCHLAU KOPF

WICHTIG!

STRENG GEHEIM

KLARER FALL

COOLER MEDIEN PROFI

Bearbeite so alle 6 Kapitel im Heft.
Am Ende hast du dann 6 Hinweis-Sticker in der Fallakte gesammelt.

3 ### Die Fallakte

Auf dieser Seite sammelst du
die 6 richtigen Hinweis-Sticker.

Auf jedem Sticker findest du einen Buchstaben.
Die Buchstaben ergeben das Passwort.
Trage jeden Buchstaben
in das passende Kästchen ein.

Hinweis 1 =
Buchstabe 1 ⟶

1

Außerdem kannst du in der Fallakte
das Ende des Falls lesen.

Juhu!

Die Fallakte:

1
2
3
4
5
6

1 2 3 4 5 6

FALL GELÖST!

Brauchst du dabei Hilfe?
Frage einen Erwachsenen.

4 Gehe im Internet auf diese Seite:

www.team-lupe-ermittelt.de/chaos

Gib nun das Passwort ein.

Hast du das richtige Passwort eingegeben?
Dann wartet eine kleine Überraschung auf dich.

Passwort für den Fall:

1 2 3 4 5 6

Spurensicherung: Der <u>3. Hinweis!</u>

Paul fragt: „Gibt es Einbruchspuren an der Tür?"
„Nein", sagt Frau Lessing. „Ich weiß nicht, was passiert ist.
Aber für heute schließe ich die Bücherei."
„Warten Sie", ruft Umut. „Auf ein Regal hat jemand
eine geheime Botschaft gekritzelt." Umut fotografiert sie.
Dann verabschieden sich die Detektive von Frau Lessing.
Sie teilen die Aufgaben untereinander auf. Paul und Lulu
suchen vor der Bücherei nach Spuren. Umut und Elsa
fahren nach Hause, um ihre Fotos auszudrucken.
Elsa schreibt an ihre Freunde: Mist! 😡 Mein Drucker ist kaputt.
Sofort ruft Umut sie an: „Komm doch zu mir.
Wir drucken alles hier aus."

? Wie lauten die letzten beiden Wörter
der geheimen Botschaft?

> Holla Mai, wir messün
> noch mehr mechan.
> Komm wedeir her
> um drie Uhr.

Tipp: Die Vokale
sind vertauscht!

	drei Uhr		zwei Uhr

3a **03:00** s   3b **02:00** o

Wofür kann ich digitale Geräte nutzen?

Ich recherchiere mit einer Kindersuchmaschine und lese Informationen zu Schildkröten.

Ich spreche Informationen zur Schildkröte in mein Mikrofon. Damit kann ich auch eine Aufnahme machen, die später von den anderen Kindern abgehört werden kann.

Ich mache ein Foto von der Schildkröte mit dem Tablet. Dabei zoome ich ganz nah heran, damit wir die Augen der Schildkröte auf dem Foto besser erkennen können. Später drucke ich das Foto aus.

 **1** Welche Geräte kannst du digital nutzen?
Kreise ein.

Mein Lieblingstier

› Gestaltungsmittel von Medienprodukten kennen

Es gibt verschiedene Möglichkeiten, was ich mit den digitalen Geräten machen kann.

 **1** Wozu kann man die digitalen Geräte nutzen? Verbinde.

Kindersuchmaschine nutzen

Foto aufnehmen

Audioaufnahme machen

Film aufnehmen

 **2** Kreuze an, was du schon genutzt hast.

› Gestaltungsmittel von Medienprodukten kennen und reflektieren

 **1** Schreibe einen passenden Satz in den Bildschirm.

 **2** Tippe den Satz mit deinen Fingern auf der Tastatur.

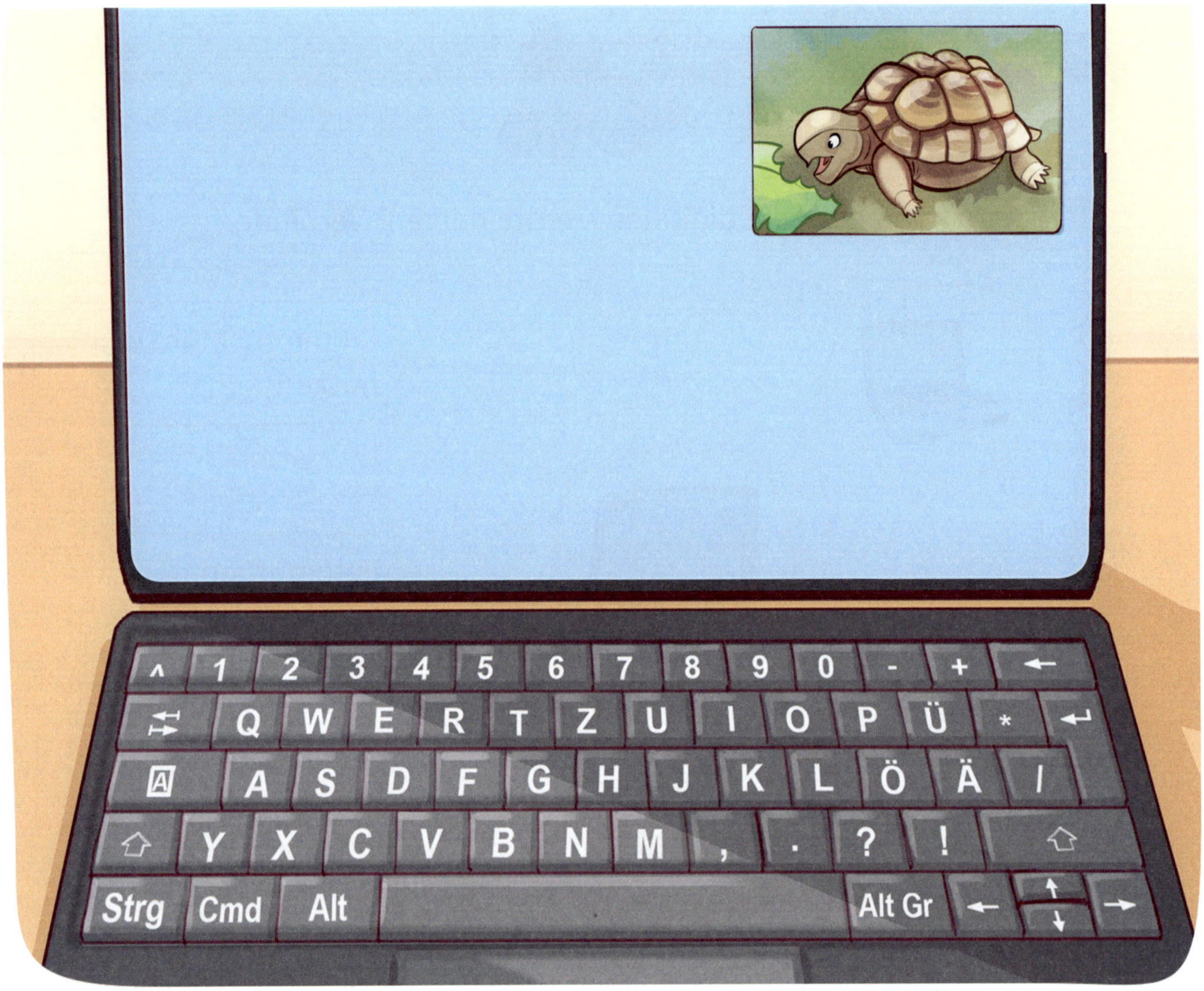

 **3** Schreibe den Satz in einem Text-Programm.
Versuche, große und kleine Buchstaben zu tippen.

› Gestaltung von Medienprodukten kennen
› Medienprodukte planen und gestalten

Wie schreibe ich mit dem Computer?

 **1** Schreibe einen passenden Satz in den Bildschirm.

 **2** Tippe den Satz mit deinen Fingern auf der Tastatur.

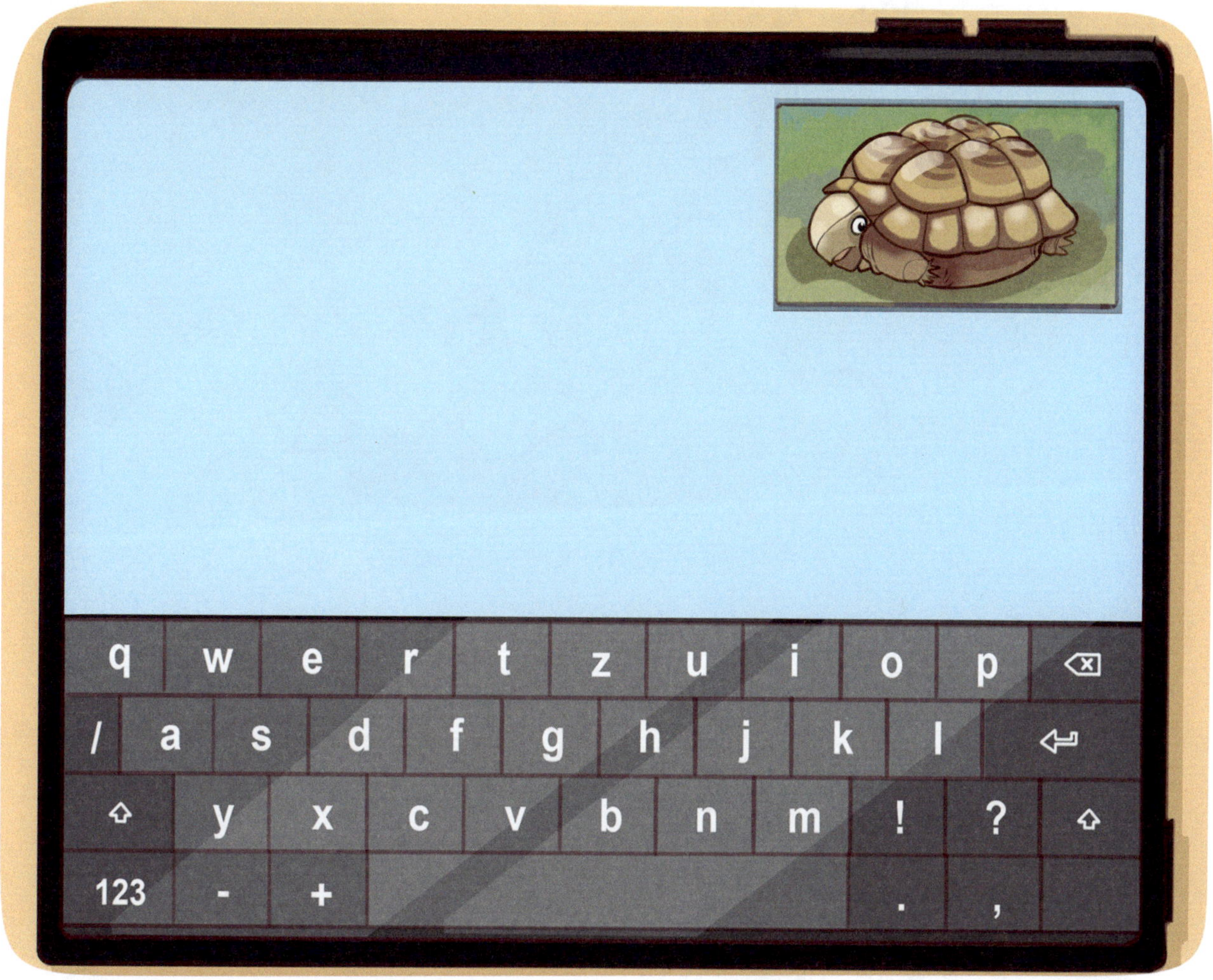

 **3** Schreibe den Satz in einem Text-Programm.
Versuche, große und kleine Buchstaben zu tippen.

Wie verändere ich Bilder?

Mit meinen Fingern kann ich das Bild größer und kleiner machen. Das nennt man Zoomen.

größer

kleiner

 **1** Male das vergrößerte Foto in den Bildschirm.

› Gestaltungsmittel von Medienprodukten kennen, reflektiert anwenden sowie hinsichtlich ihrer Wirkung beurteilen

 **1** Mit welchen Geräten kannst du ein Foto aufnehmen? Male an.

2 Kreuze an, welche Geräte du schon
zum Aufnehmen eines Fotos verwendet hast.

3 Bringe ein Foto mit, das du gemacht hast. Klebe es auf.

 **4** Mit welchem Gerät hast du das Foto gemacht? Schreibe auf.

_____

> Gestaltungsmittel von Medienprodukten kennen, reflektiert
anwenden sowie hinsichtlich ihrer Wirkung und Aussageabsicht
beurteilen

Vom Bild zum Film: Daumenkino

 **1** Nummeriere die Bilder in der richtigen Reihenfolge.

Du kannst auch ein Daumenkino basteln! Dafür musst du eine Kopie der Bilder haben. Schneide die Bilder aus, sortiere sie und hefte sie an der linken Seite zusammen. Fertig!

› Gestaltungsmittel von Medienprodukten kennen, reflektiert anwenden sowie hinsichtlich ihrer Wirkung beurteilen

1 Lies die verschiedenen Möglichkeiten,
wie du Ton aufnehmen kannst.
Trage bei jedem Bild die richtige Nummer ein.

> ① Ich spreche in ein Smartphone.
>
> ② Ich spreche in ein Mikrofon.
>
> ③ Ich verwende ein Tablet.

2 Nimm drei Sätze mit einem digitalen Gerät auf
und spiele sie ab.

3 Auf was musst du bei deiner Tonaufnahme achten? Kreuze an.

☐ Ich achte darauf, dass es keine Nebengeräusche gibt.
☐ Ich spreche laut und deutlich.
☐ Ich verdecke das Mikrofon nicht mit der Hand.
☐ Meine Haare sind gekämmt.
☐ Ich höre Musik.

› Gestaltungsmittel von Medienprodukten kennen, reflektiert
anwenden sowie hinsichtlich ihrer Wirkung beurteilen

Detektivwissen überprüfen

 **1** Wofür kannst du die Geräte verwenden? Kreuze an.

	Fotos machen	etwas anhören	etwas schreiben	etwas aufnehmen

 **2** Du willst ein Foto vergrößern.
Wie musst du deine Finger bewegen? Kreuze an.

Spurensicherung: Der 4. Hinweis!

Kurze Zeit später treffen sich alle Detektive bei Umut.
Elsa legt die Fotos auf den Tisch. „Wer macht so ein Chaos?",
überlegt Lulu. „Ein Bücherfeind?" Umut rätselt, wer Mia ist
und was die Täter als Nächstes vorhaben. Paul erzählt:
„Außen an der Tür zur Bücherei hingen drei Stofftaschen."
Lulu hat eine Tasche mitgebracht. Sie ist hübsch bemalt.
Eine Weltkugel ist darauf, die Sonne und ein Pferd auf einer Wiese.
Elsa ruft: „So eine Stofftasche hab ich schon einmal gesehen!
Beim Schulfest!" Umut nimmt das Tablet. „Volltreffer!",
freut er sich und zeigt auf die Homepage der Schule.

? Finde die Unterschiede zwischen den Fotos.
Wie viele sind es?

☐ sechs ☐ fünf

4a    4b

43

Welche Medien gab es früher? Welche Medien gibt es heute?

 **1** Welche Medien benutzt du? Kreise ein.

› Vielfalt von Medien, ihre Entwicklung und Bedeutung kennen, analysieren und reflektieren

Informationen zu Medien von früher

Ich kenne den Dia-Projektor.
Meine Oma und mein Opa haben mir
neulich Dias von meiner Mama gezeigt,
als sie noch klein war. Dias sind Fotos,
die man auf einer Leinwand
in groß sehen kann. Das ist toll!

Ich kenne den Schallplattenspieler.
Ich habe noch Schallplatten von meinem Vater.
Wir haben auch einen Schallplattenspieler
und ab und zu höre ich eine Schallplatte.
Sie dreht sich, wenn sie abgespielt wird.

Mein Opa hat mir neulich
ein altes Telefon mit Schnur gezeigt.
Lustig, dass das funktioniert hat!

Wir benutzen den Overhead-Projektor
manchmal in der Schule.
Damit zeigt unsere Lehrerin uns
Bilder und Zeichnungen.

 **1** Welche Medien kennst du? Kreise ein.

› Vielfalt von Medien, ihre Entwicklung und Bedeutung kennen,
analysieren und reflektieren

45

Welche Medien von früher finde ich?

Kassettenrekorder	Schallplattenspieler
CD-Player	Telefon
Overhead-Projektor	Dia-Projektor

K	A	S	S	E	T	T	E	N	R	E	K	O	R	D	E	R
Y	O	C	O	P	Ü	Ä	N	N	O	B	B	U	R	D	D	R
W	R	H	Z	T	U	K	L	B	V	G	R	E	T	T	Z	T
S	C	A	L	L	Z	H	F	E	E	T	Z	Ä	M	O	P	T
F	U	L	L	Z	U	I	Ö	M	R	M	O	Ü	S	S	F	S
I	G	L	A	M	N	I	E	E	H	T	Z	I	P	Ü	M	H
U	G	P	B	K	C	K	L	I	E	P	L	Ü	W	Q	U	C
Z	I	L	N	K	L	Ö	Ä	U	A	Ü	V	F	V	W	Q	U
B	R	A	Z	T	Ü	Ö	N	C	D	-	P	L	A	Y	E	R
V	Z	T	U	I	Ü	J	Ä	C	-	H	U	P	Ü	Q	F	X
F	Z	T	B	N	L	K	V	S	P	E	T	T	Ü	Ä	N	I
D	C	E	B	Z	U	K	H	C	R	S	C	G	L	Ö	L	O
V	R	N	V	E	R	H	U	J	O	L	L	Ö	P	T	Ä	C
Z	T	S	V	F	D	E	W	E	J	I	L	J	B	E	M	T
H	U	P	F	T	Z	R	E	F	E	K	F	Ä	N	L	O	V
Ö	A	I	L	O	B	T	R	I	K	H	K	J	Ä	E	Ü	X
R	I	E	K	C	T	Z	U	D	T	Ü	L	F	X	F	O	V
P	U	L	D	I	A	-	P	R	O	J	E	K	T	O	R	L
R	E	E	Z	U	P	N	Z	T	R	S	V	R	T	N	Ü	K
E	R	R	G	B	N	J	O	K	L	P	Ü	F	Ä	A	W	R

 **1**   Finde die Wörter und kreise sie ein.

› Vielfalt von Medien, ihre Entwicklung und Bedeutung kennen,
analysieren und reflektieren
› Fachbegriffe kennen

Kenne ich den Unterschied?

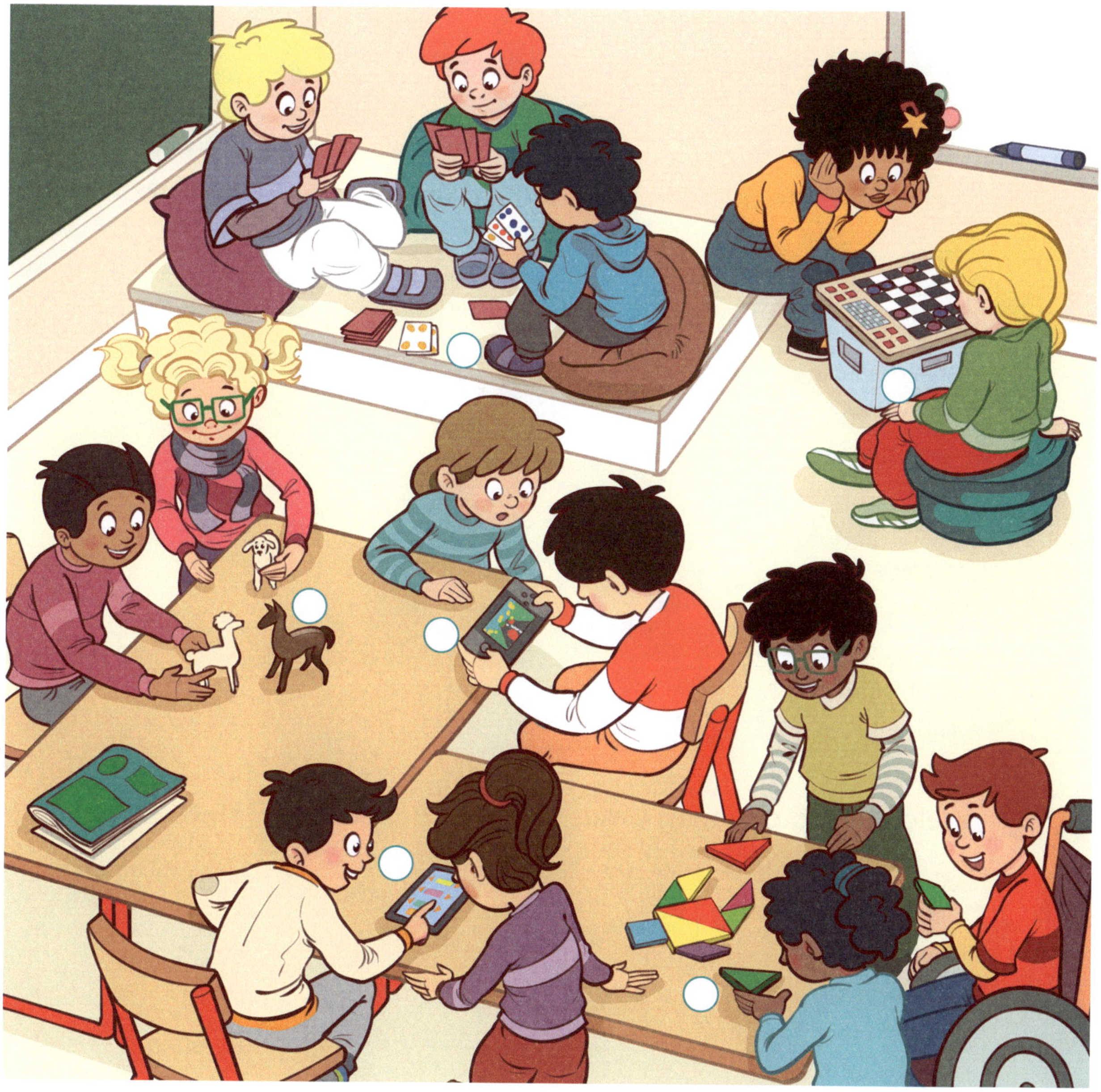

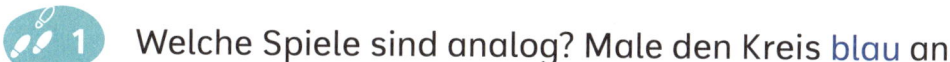

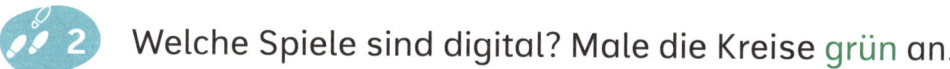

1 Welche Spiele sind analog? Male den Kreis blau an.

2 Welche Spiele sind digital? Male die Kreise grün an.

3 Welche Spiele spielst du gern? Kreuze an.

› Vielfalt von Medien und ihre Bedeutung kennen, analysieren und reflektieren

Wie viel Zeit verbringen die Kinder mit den digitalen Medien?

Diese Woche schreiben wir auf, wie oft wir welche Medien benutzt haben. Hier siehst du unsere Tabellen.

 **1** Welche Geräte nutzen Lulu und Elsa am liebsten? Unterstreiche.

Lulu	Mo	Di	Mi	Do	Fr	Sa	So
Tablet	X					X	X
Smartphone			X	X			
Spielekonsole					X	X	X
PC/Laptop		X					
Fernseher	X	X			X		X

Elsa	Mo	Di	Mi	Do	Fr	Sa	So
Tablet	X	X		X	X	X	X
Smartphone							
Spielekonsole					X		
PC/Laptop		X					
Fernseher	X	X		X			X

 **2** Welche Geräte nutzen Umut und Paul am liebsten? Unterstreiche.

Umut	Mo	Di	Mi	Do	Fr	Sa	So
Tablet			X				
Smartphone						X	
Spielekonsole	X	X		X	X	X	X
PC/Laptop		X					
Fernseher			X		X		X

Paul	Mo	Di	Mi	Do	Fr	Sa	So
Tablet	X	X	X	X	X	X	X
Smartphone							
Spielekonsole					X		
PC/Laptop		X					
Fernseher	X	X	X	X		X	X

› Medien und deren Nutzung kritisch reflektieren und selbstverantwortlich regulieren

Wie viel Zeit verbringe ich mit Medien?

1 Kreuze eine Woche lang an, welche Medien du nutzt.

	Mo	Di	Mi	Do	Fr	Sa	So
Tablet							
Smartphone							
Spielekonsole							
PC/Laptop							
Fernseher							

2 Vergleicht eure Ergebnisse und sprecht darüber.

3 Frage zwei Kinder aus deiner Klasse und kreuze in der Tabelle an.

Nutze für jedes Kind eine andere Farbe.

	Mo	Di	Mi	Do	Fr	Sa	So
Tablet							
Smartphone							
Spielekonsole							
PC/Laptop							
Fernseher							

› Medien und deren Nutzung kritisch reflektieren
und selbstverantwortlich regulieren

Welche Regeln finde ich sinnvoll bei der Mediennutzung?

Ich darf nur abends auf der Spielekonsole spielen.

Ich spiele jeden Nachmittag zwanzig Minuten auf dem Tablet.

Ich zeichne, wenn ich Lust habe, auf dem Tablet meiner Mutter und drucke hinterher meine Bilder aus.

Ich darf am Wochenende meine Lieblingsserie sehen.

1 Welche Regeln sind sinnvoll? Kreuze an.

2 Welche Regeln gibt es bei dir bei der Mediennutzung? Schreibe sie auf.

_____

_____

_____

_____

_____

› Medien und deren Nutzung kritisch reflektieren und selbstverantwortlich regulieren
› Chancen und Herausforderungen von Medien erkennen

Welche Spiele gefallen mir?

Mit meinem Vater spiele ich oft Schach.

Mit meinen Freunden spiele ich gern mit der Spielekonsole.

 **1** Male oder schreibe deine Lieblingsspiele auf.

Mein analoges Lieblingsspielzeug	Mein digitales Lieblingsspielzeug

› Medien und deren Nutzung kritisch reflektieren
und selbstverantwortlich regulieren
› Chancen und Herausforderungen von Medien erkennen

Detektivwissen überprüfen

> DIA-PROJEKTORSCHALLPLATTENSPIELER

> TELEFONKASSETTENREKORDER

1		
2		
3		
4		

Mein Gerät kann Musik abspielen. Es dreht sich darauf eine schwarze runde Scheibe.

Mein Gerät kann Fotos auf einer großen Leinwand abbilden.

Mein Gerät hat eine Scheibe mit Zahlen, die sich drehen lässt. Man kann damit mit anderen Menschen sprechen.

Mein Gerät spielt Musik oder Hörspiele ab. Im Inneren wird ein Band weiterbewegt.

 **1** Lies die Rätsel. Welches Gerät ist gemeint? Schreibe die richtige Zahl dazu.

 **2** Kennst du die Namen der Medien von früher, die zum Beispiel deine Eltern oder Großeltern genutzt haben? Schreibe die Namen in die Tabelle.

› Vielfalt von Medien, ihre Entwicklung und Bedeutung kennen, analysieren und reflektieren
› Fachbegriffe kennen

Spurensicherung: Der 5. Hinweis!

Paul fragt in die Runde: „Wisst ihr noch,
wer den Kuchenstand organisiert hat?"
„Ja", sagt Lulu. „Die 4a. Kann man auf
der Homepage die Klassenfotos sehen,
Umut?" Umut öffnet die Seite mit den Klassenfotos.
Aufgeregt sehen sich die Detektive die Namen an. Oje!
Es gibt vier Mias in der 4a. Und wer ist jetzt die Mia, die sie suchen?
Paul sagt: „Seht mal! Hier stehen Steckbriefe. Alle haben
ihre Hobbys aufgeschrieben. Und ihre Lieblingstiere und
was sie gern essen." Sofort vertiefen sich die Detektive in die Liste.

? Wer ist die richtige Mia? Lies die Beschreibungen genau.

• Pferde	• Fußball	• Muffins	• basteln
• malen	• Nudeln	• Umwelt-AG	• Nusskuchen
• Koch-AG	• Hunde	• malen	• Musik-AG
• Salat	• Sport-AG	• Pferde	• Katzen

☐ Mia 3

5a  ä

☐ Mia 1

5b  s

Welche Gegenstände werden von einem Computer gesteuert?

Wird von einem Computer gesteuert

Wird nicht von einem Computer gesteuert.

Wenn meine Mutter am Geldautomat Geld holt, wird dies von einem Computer gesteuert.

Ich habe einen Roboter gebaut. Diesen kann ich mit meinem Tablet bewegen.

Eine Spielkonsole wird von einem Computer gesteuert.

Die Figuren auf dem Spielbrett bewege ich mit meiner Hand.

 **1** Kreise alles gelb ein, was von einem Computer gesteuert wird.

 **2** Kreise alles grün ein, was nicht von einem Computer gesteuert wird.

> grundlegende Funktionsweisen der digitalen Welt identifizieren und kennen

Heute sind wir auf dem Schulhof!
Wir programmieren uns gegenseitig.
Immer ein Kind gibt einem anderen,
das die Augen verbunden hat, einen Befehl,
wie es von einem Ort zum anderen Ort
kommen kann. So ähnlich kann man
auch Roboter programmieren!

Lulu, gehe zwei Schritte nach vorn.
Danach drehe dich nach links um.
Jetzt musst du zwei Schritte nach
vorn laufen.

Elsa, du musst dich nach rechts
umdrehen und danach vier
Schritte nach vorn laufen.

 **1** Überlegt euch ein eigenes Roboterspiel.

› grundlegende Funktionsweisen der digitalen Welt
identifizieren und kennen

> Der Roboter dreht sich nach rechts.

> Der Roboter dreht sich nach links.

> Der Roboter bewegt sich ein Feld nach vorne und zwei nach hinten.

> Der Roboter bewegt sich ein Feld nach hinten.

> Der Roboter dreht sich zweimal nach rechts.

> Der Roboter bewegt sich ein Feld nach vorne.

 **1** Verbinde die Pfeile mit dem richtigen Text.
ACHTUNG! Zwei Sätze sind falsch, streiche sie durch!

 **2** Schau dir die Zeichnungen mit dem Roboter an.
Verbinde mit den passenden Texten.

› algorithmische Muster und Strukturen erkennen
und nachvollziehen

Paul und Lulu stellen heute ihren Roboter vor.
Sie haben ihn programmiert, indem sie die Pfeile gedrückt haben.
Er soll vom Startpunkt der Biene bis zu den Sonnenblumen fahren.

 **1** Programmiere den Roboter weiter.
Schreibe die fehlenden Befehle in die Kästchen.
Es gibt verschiedene Lösungswege.

Start	↑	↑	↻	↑				Ende
Start								Ende

› algorithmische Muster und Strukturen erkennen
und nachvollziehen

Wie programmiere ich einen Roboter?

Um einen Roboter zu programmieren, muss ich ihm genaue Anweisungen geben. Es gibt immer einen Startpunkt und einen Endpunkt.

Hierfür muss ich ihm sagen, wie er laufen soll. Das Karofeld kann als Orientierung dienen. Man kann die folgenden Pfeile verwenden:

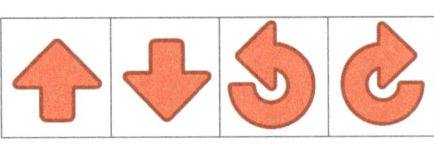

 **1** Markiere einen Startpunkt.
Male in das Kästchen einen grünen Kreis.
Markiere einen Endpunkt. Male in das Kästchen einen blauen Kreis.

2 Schreibe in die Kästchen,
wie dein Roboter sich bewegen soll.

› algorithmische Sequenz planen und umsetzen

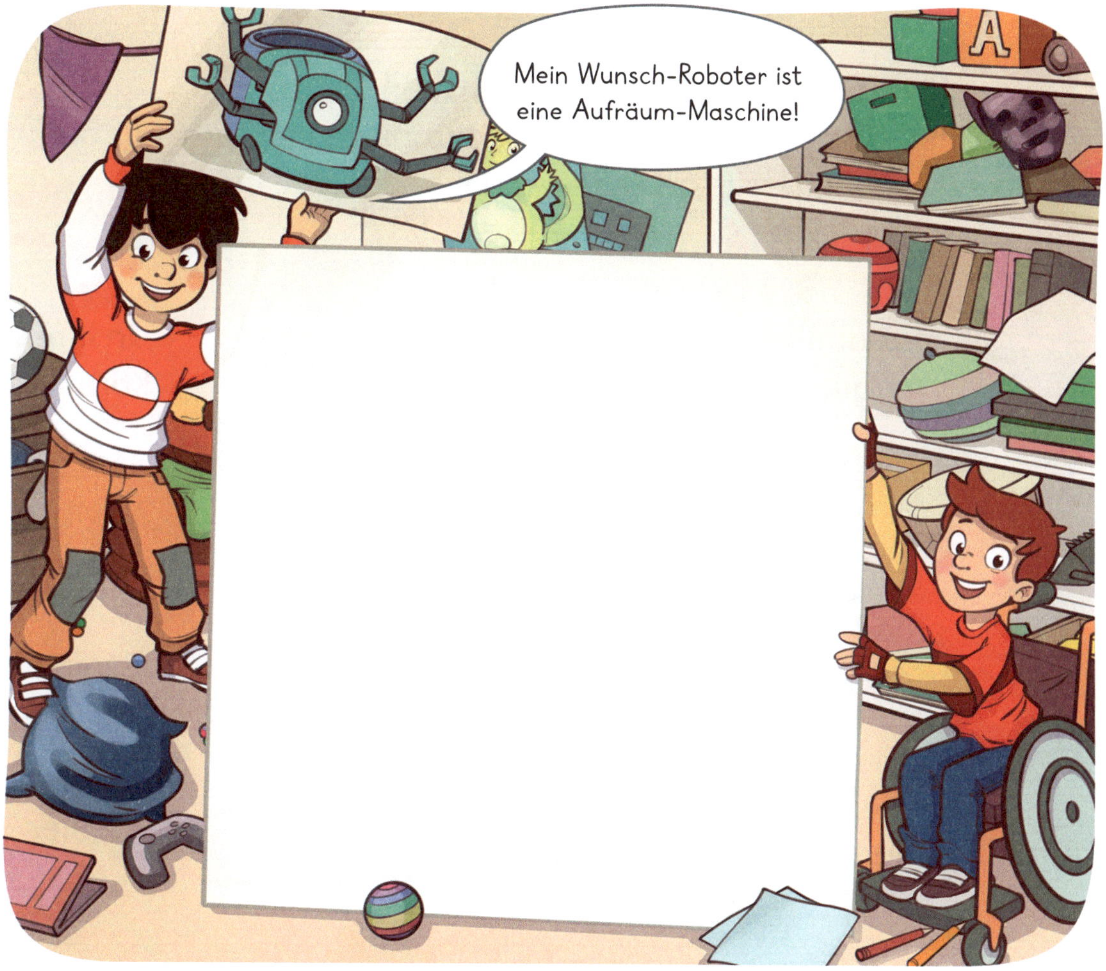

 **1** Male deinen Wunsch-Roboter.

2 Schreibe auf, was er kann und was er nicht kann.

Mein Wunsch-Roboter kann _____

_____

Mein Wunsch-Roboter kann nicht _____

_____

› Auswirkungen von Automatisierung in der digitalen Welt
beschreiben und reflektieren

Detektivwissen überprüfen

| vorne | hinten | links drehen | rechts drehen |

 **1**   Führe den Hund zu seinem Körbchen.
Lies die Sätze und schreibe in „Programmiersprache" auf,
wie die Satzteile gelesen werden müssen.

als Familien-mitglieder.	Abends schlafen	sie	in ihrem Körbchen.
sie	leben	toben gern	Hunde
beliebte Haustiere.	In vielen Familien	mit anderen Hunden.	Sie
sind	Hunde	spazieren gehen.	müssen mehrmals am Tag

Start   Ende

Spurensicherung: Der 6. Hinweis!

Jetzt ist klar, wer die richtige Mia ist. Paul sagt:
„Sie ist in der Umwelt-AG! Vielleicht geht es ja
um unsere Umwelt! Denkt nur an den Müll auf dem Boden ..."
Elsa stöhnt. „Wir wissen noch viel zu wenig.
Was hat Mia als Nächstes vor?"
Die Detektive schauen sich die Fotos vom Tatort
noch einmal sehr genau an.
Plötzlich ruft Umut: „Wir haben bei der Geheimbotschaft
etwas Wichtiges übersehen!"
Lulu holt schnell eine Lupe. Nun sehen es alle.
Unter der großen Schrift ist ein winziger Code.
Elsa liest ihn laut vor: „Bücherei – rechts – links – links – rechts."

? Bald ist es drei Uhr! Team LUPE rennt mit Stadtplan und Code los.
Wo landen sie?

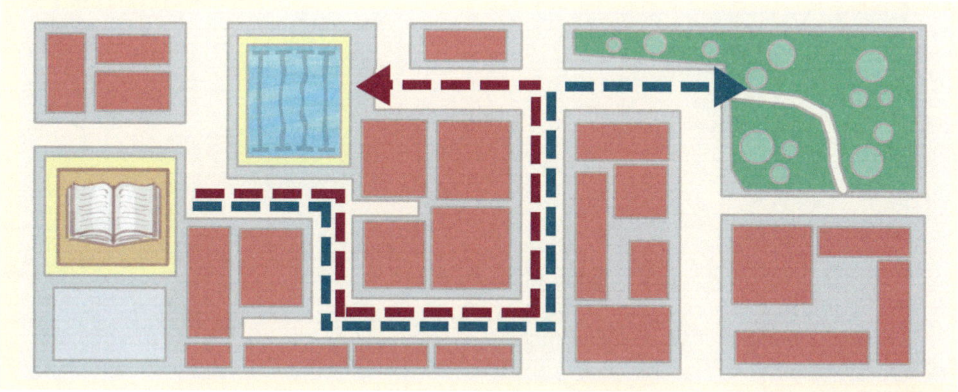

Park	Freibad
6a **r**	6b **e**

Die Fallakte: <u>Chaos in der Bücherei</u>

In die weißen Felder kommen deine Hinweis-Sticker.

Hinweis 1

1

Hinweis 2

2

Hinweis 3

3

Hinweis 4

4

Hinweis 5

5

RETTET DIE ERDE!

Hinweis 6

6

Jetzt fehlt dir nur noch ein PASSWORT.
Trage aus jedem Sticker den Buchstaben
in das passende Kästchen ein.

Die Umwelt-AG heißt:

1	2	3	4	5	6

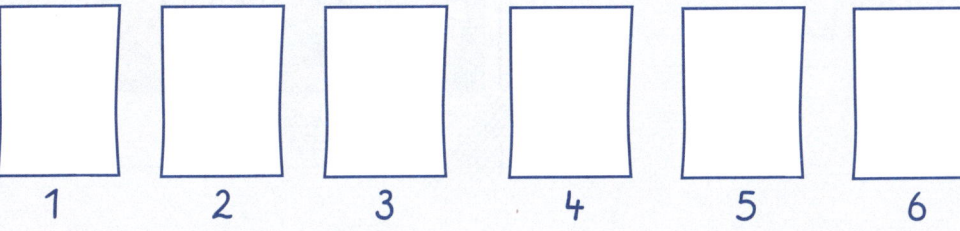

Glückwunsch!
Gemeinsam mit TEAM LUPE hast du den Fall gelöst.
Das Wort ist dein PASSWORT für:
www.team-lupe-ermittelt.de/chaos

Brauchst du dabei Hilfe?
Frage einen Erwachsenen.

ACHTUNG: DAS ENDE DES FALLS   ACHTUNG: DAS ENDE DES FALLS

„Da sind sie!", ruft Paul. Am Eingang des Parks
stehen Mia und ihr Klassenkamerad Felix.
Die beiden halten ein Plakat hoch. Darauf steht:
„Tolle Sache", sagt Lulu. „Aber in die Bücherei
einzubrechen und dort Chaos anzurichten,
geht gar nicht!" Das sehen Mia und Felix ein.
„Wir entschuldigen uns bei Frau Lessing und räumen alles
wieder auf", verspricht Mia. „Wir wollten doch nur auf das Thema
aufmerksam machen", erklärt Felix. Die Detektive grinsen.
„Das ist euch auf jeden Fall gelungen!"

Rettet unsere Erde HEUTE
Nicht erst am Klima-Tag
im nächsten Monat!

FALL GELÖST!

RECHTE UND IMPRESSUM

Viele Grüße!
Dein TEAM LUPE

Bildquellen:

|Asaro, Cesare, Wien: 4.2, 6.8, 6.9, 8.4, 14.4, 16.1, 27.7, 34.1, 34.3, 35.1, 49.3, 50.1, 50.2, 50.4, 52.7, 52.8, 58.6, 87.1. |Berghahn, Matthias, Bielefeld: 5.2, 5.3, 5.4, 5.5, 5.6, 5.7, 5.8, 5.9, 5.10, 6.1, 6.2, 6.3, 6.4, 6.5, 6.6, 6.7, 12.2, 12.3, 12.4, 12.5, 22.1, 22.2, 22.3, 22.4, 25.2, 25.3, 25.4, 25.5, 25.6, 25.7, 25.8, 25.9, 31.2, 31.3, 31.4, 31.5, 31.6, 31.7, 32.1, 32.2, 32.3, 32.4, 32.5, 32.6, 34.4, 35.2, 35.3, 35.4, 35.5, 35.6, 39.4, 39.5, 57.2, 57.3, 57.4. |fotolia. com, New York: DoraZett 21.2; Osterland 22.7. |fragFINN e.V., Berlin: © Screenshot www.fragfinn.de 14.2, 17.2, 18.6. |Stapper, Michael, Berlin: 3.1, 4.1, 5.1, 7.1, 7.2, 7.3, 7.4, 7.5, 8.1, 8.2, 8.3, 9.1, 9.2, 10.1, 10.2, 11.1, 12.1, 13.1, 13.2, 13.3, 13.4, 14.1, 14.3, 15.1, 15.2, 15.3, 15.4, 15.5, 15.6, 15.7, 15.8, 16.2, 16.3, 16.4, 16.5, 16.6, 16.7, 17.1, 17.3, 17.4, 17.5, 17.6, 18.1, 18.2, 18.3, 18.4, 18.5, 18.7, 18.8, 19.1, 19.2, 20.1, 21.1, 21.3, 22.5, 22.6, 23.1, 23.2, 23.3, 23.4, 24.1, 24.2, 24.3, 25.1, 26.1, 26.2, 26.3, 26.4, 26.5, 27.1, 27.2, 27.3, 27.4, 27.5, 27.6, 28.1, 28.2, 28.3, 28.4, 28.5, 29.1, 29.2, 29.3, 29.4, 29.5, 30.1, 30.2, 30.3, 30.4, 30.5, 31.1, 31.8, 32.7, 32.8, 32.9, 32.10, 32.11, 33.1, 33.2, 33.3, 33.4, 33.5, 33.6, 34.2, 34.5, 36.1, 36.2, 36.3, 36.4, 37.1, 37.2, 37.3, 38.1, 38.2, 39.1, 39.2, 39.3, 40.1, 40.2, 40.3, 40.4, 40.5, 40.6, 40.7, 41.1, 41.2, 41.3, 42.1, 42.2, 42.3, 42.4, 42.5, 43.1, 43.2, 43.3, 43.4, 44.1, 45.1, 45.2, 45.3, 45.4, 46.1, 46.2, 46.3, 46.4, 46.5, 46.6, 47.1, 48.1, 48.2, 49.1, 49.2, 50.3, 51.1, 52.1, 52.2, 52.3, 52.4, 52.5, 52.6, 53.1, 53.2, 53.3, 53.4, 54.1, 55.1, 56.1, 56.2, 56.3, 56.4, 56.5, 56.6, 56.7, 56.8, 57.1, 57.5, 57.6, 57.7, 57.8, 57.9, 57.10, 57.11, 57.12, 57.13, 58.1, 58.2, 58.3, 58.4, 58.5, 59.1, 59.2, 60.1, 60.2, 60.3, 60.4, 60.5, 60.6, 61.1, 61.2, 61.3, 62.1, 63.7, 82.1, 82.2, 82.3, 82.4, 82.5, 82.6, 82.7, 82.8, 82.9, 82.10, 82.11, 82.12. |stock.adobe. com, Dublin: Apart Foto 30.6.

Druck A^3 / Jahr 2023
Alle Drucke der Serie A sind im Unterricht parallel verwendbar.

Redaktion: Nicole Amrein
Krimigeschichte: Henriette Wich
Illustrationen: Cesare Asaro, Matthias Berghahn, Michael Stapper, Zapf
Umschlaggestaltung: Stephanie Schober, mit Illustrationen von Michael Stapper
Gesamtlayout und technische Grafiken: blum design und kommunikation GmbH, Hamburg
Layout: PER Medien, Braunschweig
Druck und Bindung: Westermann Druck GmbH, Georg-Westermann-Allee 66, 38104 Braunschweig

ISBN 978-3-14-**141465**-3